Fourteen Copy Classes

Li
Xinpin

李欣频的文案课

李欣频·著

浙江人民出版社

自序

从 19 岁一路驶到 49 岁的李欣频写作之道

这本《李欣频的文案课》足足晚产了近 30 年——我在 1991 年写了人生第一篇文案《中兴百货 520 特卖》[1] 之后，在 1998 年出版了文案作品集《诚品副作用》，经过无数次再版与改版后，增修为《广告副作用》的《商业篇》《艺文篇》。在这期间有很多家出版社希望我能写一本有关如何写文案、如何写作的书，我一直没答应，因为我很不喜欢"教科书"，我认为写文案就如同写诗一样，是没法教别人的，就像一朵花没法写一本如何开花的书一样。

后来因为这本《诚品副作用》，我顺利地考进了台湾政治大学广告硕士班，同时在台湾中原大学教授文案创意课，之后也以这部作品顺利通过北京大学新闻与传播学院的博士班入学口试，并同时教授北京大学本科与研修班的文案课，于是我从讨厌教科书的学生角色，转变成了必须写教科书的老师身份。2018 年，我在喜马拉雅网络课平台上录制文案课，就在我开开心心录完了 100 堂初稿音频，并决定要把这些音频文件整理成文字、变成书时，我发现自己不知不觉间已经把原本不喜欢的事以开心顺畅的方式完成了，于是这本《李欣频的文案课》就在 2019 年 6 月"竣工"，送到你面前的这一天，就是它正式"通车"的时间！

在 49 岁时回顾 19 岁写的第一篇文案《中兴百货 520 特卖》，

---

[1] 《中兴百货 520 特卖》文案收录进《广告副作用：商业篇》，由中信出版社出版，也同时收录进《李欣频的广告四库全书》，由东方出版社出版。

也同时回顾 1998 年写的第一本书《诚品副作用》，懵懵懂懂、跌跌撞撞地到了现在才发现，这一切都是生命蓝图早就安排好的路。感谢当年每一位实时指点我的贵人，我将这份感谢化为分享 30 年心路历程的 14 堂课，愿我也成为你找到自己通往天命之道的一盏路灯！

以下这 14 堂课，是从我的写作起点"文案"开始分享的。在庞大的写作类别中，广告文案是最接近商业的项目之一（还有电影、歌词等），一个喜欢文学创作的人可以凭借写作广告文案快速跨界且活得好。正如世界知名文案人史蒂夫所说："广告文案是这个世界上，能够让你过着艺术家的生活，却能够拿着外汇操作员薪水的工作。"我的确在广告文案上得到了相当丰厚的收入，加上我选择"自由接案"的方式工作，不隶属于任何一家公司，让我用最少的时间赚到足够的生活费、近 60 国的旅行基金、一个安心栖身的写作之所……我享受写文案的快乐过程不亚于写诗、写散文，过程中全没有"辛苦工作"的痛苦，最重要的是，我把在写文案之外的百分之九十五的时间拿来过自己想要的生活：看电影、看书、看艺术表演、旅行……文案是我多元创作中性价比最高的项目。

如果你喜欢写作、喜欢表达自己独特的观点，理当可以写文案，就像是多一个分身帮你赚钱养家谋生活。下面我就把自己的文案创作方法整理出来给大家，建议你们以《广告副作用》作为参考来对照阅读！

目录

第一阶段
如何建立优质的文案"写（血）统"…012

第一堂课　以非读者、观众、消费者的角度
　　　　　来看书、电影、空间，建立多元、
　　　　　多维度的创意感官系统…014

第二堂课　如何建立专属的文案灵感库…028

一、收集好的广告作品与灵感素材…029

二、从电影中收集灵感…031

三、以有创意的阅读方法收集灵感…034

第三堂课　如何培养有风格、有气味、有画面感的
　　　　　写作能力…042

一、每天练习用文字表达自己的独特观点…043

二、阅读一段文字，闭眼看画面…044

三、多看视觉类的艺术作品…046

四、看完画面影像之后口述练习…047

五、发展"自生情节"的视觉联想力…048

六、多欣赏感官类的书或电影，来启动鲜活的
　　"文字力"…051

第四堂课　建立音乐库，创造写作的音乐频率场 … 062

第五堂课　衔接"爱"的最高频率，像恋爱般地
　　　　　写文案、写作 … 066

第二阶段
如何精进写作武功 … 078

第六堂课　如何构思文案的主视觉 … 080

第七堂课　如何找到灵魂与个性 … 088

　　案例一：诚品忠诚店试卖文案 … 090

　　案例二：诚品忠诚店秋季特卖 … 091

　　案例三：诚品忠诚店各楼层定位文案 … 094

第八堂课　如何确定标题或命名 … 098

　　方法一：收集电影中好的金句，作为标题的参考 … 100

　　　　案例一：娄烨的《苏州河》电影文案 … 102

　　　　案例二：诚品书店 7 周年庆《抛开书本到街上去》 … 103

　　　　案例三：杯子店的《杯情城市》 … 106

　　方法二：改金句中的一两个字，变成易记的新标语 … 107

　　方法三：为电影、书重新命名、写标语 … 109

第九堂课　如何建立全息感官的环境场 … 112

案例一：把书店平移到大学 … 113

案例二：把图书馆平移到书本 … 116

案例三：用文字来预建空间 … 124

案例四：用电影场景来写文案 … 131

案例五：用电玩场景来写文案 … 135

第三阶段
如何写时令节庆、品牌形象、商品包装、公益与活动 … 142

第十堂课　如何写时令节庆文案 … 144

一、春季 … 145

案例一：诚品书店春天书展 … 145

案例二：中兴百货春季特卖 … 146

案例三：诚品商场春季特卖 … 148

二、夏季 … 150

换季特卖 … 150

案例一：诚品西门店"520"特卖 … 152

案例二：台湾远东百货春夏换季特卖 … 153

儿童节 … 155

案例一：中兴百货儿童节特卖 … 155

案例二：诚品敦南儿童馆开幕 … 157

母亲节 … 160

案例：中兴百货母亲节特卖 … 160

毕业／开学之身份转换节 … 163

　　案例一：诚品六月新身份节 … 163

　　案例二：诚品 18 周年庆 … 164

情人节 … 169

　　案例一：诚品情人节书展 … 171

　　案例二：中兴百货七夕情人节特卖 … 173

父亲节 … 175

　　案例：中兴百货父亲节特卖 … 178

三、秋季 … 181

秋季特卖 … 183

　　案例：诚品商场秋季特卖 … 183

中秋节 … 185

　　案例：诚品商场中秋节特卖 … 186

栾树节 … 188

四、冬季 … 191

冬季特卖 … 191

　　案例一：诚品商场冬季特卖 … 192

　　案例二：远东百货冬季特卖 … 195

圣诞跨年春节特卖 … 199

　　案例一：诚品圣诞节特卖 … 199

　　案例二：诚品跨年许愿活动 … 202

　　案例三：诚品过年书展 … 202

　　案例四：诚品商场跨年特卖 … 203

年度海报、卡片、月历、年历展 … 205

　　案例一：1997 年诚品月历海报卡片展 … 206

　　案例二：1999 年诚品月历海报卡片展 … 208

案例三：诚品台南店 7 月到 12 月时令短文 ⋯ 209

案例四：统一企业形象月历文案 ⋯ 212

第十一堂课 如何写活动式文案 ⋯ 216

一、促销特卖 ⋯ 217

案例一：诚品旧书拍卖会 ⋯ 217

案例二：天母诚品跳蚤市场 ⋯ 219

案例三：诚品敦南店搬迁文案 ⋯ 222

案例四：诚品敦南临时馆 ⋯ 227

案例五：诚品敦南新馆开幕 ⋯ 228

案例六：《诚品阅读》买一送一促销文案 ⋯ 233

案例七：《诚品阅读》买 12 得 16 促销文案 ⋯ 234

二、征文活动 ⋯ 236

案例一：诚品《看不见的书店》征文活动 ⋯ 236

案例二：台北文学奖征文活动 ⋯ 239

案例三：2017 年、2020 年广告金犊奖
作品征集 ⋯ 240

案例四：台湾政治大学广告系招生 ⋯ 243

案例五：台湾大哥大"行动短信创作文学奖"征件 ⋯ 245

案例六：台湾大哥大"歌曲铃声创作奖"征件 ⋯ 247

案例七：第三届台湾大哥大
"行动短信创作文学奖"征件 ⋯ 249

案例八：第五届台湾大哥大
"行动短信创作文学奖"征件 ⋯ 251

案例九：第七届台湾大哥大

　　　　"行动短信创作文学奖"征件 ··· 253

案例十：第八届台湾大哥大

　　　　"行动短信创作文学奖"征件 ··· 255

案例十一：第二届 BENQ 明基真善美数码感动

　　　　　创意大赛征件 ··· 257

案例十二：第五届 BENQ 明基真善美数码感动

　　　　　创意大赛征件 ··· 259

三、送礼 ··· 261

案例一：诚品敦南礼品节 ··· 262

案例二：诚品书店 8 月卡片展 ··· 264

第十二堂课　如何写品牌形象、商品包装、

　　　　　　公益活动文案 ··· 268

一、品牌形象文案 ··· 269

案例一：诚品书店 12 周年庆时成立网络书店 ··· 269

案例二：台湾富邦艺术基金会形象文案 ··· 273

案例三：台湾莺歌陶瓷博物馆形象文案 ··· 280

案例四：西安音乐厅形象文案 ··· 285

案例五：iRoo（依若服饰）品牌形象 ··· 290

案例六：台湾《讲义》杂志 ··· 293

案例七：加利利旅行社形象文案 ··· 297

案例八：熊婚礼拍摄工作室形象文案 ··· 303

案例九：诚品 6 月的结婚书展 ··· 304

案例十：统一饮冰室茶集形象与包装文案 ··· 309

案例十一：CNEX 纪录片基金会形象

与第一届主题活动 … 316

案例十二：华硕电脑形象文案 … 322

案例十三：科技艺术节 … 325

案例十四：现代传播集团 10 本杂志形象文案 … 329

案例十五：台北市的形象文案书：《台北观自在》… 334

二、公益广告 … 340

案例一：台湾《天下》杂志"smile for trust"活动 … 341

案例二：诚品"反虚华，Be Rich"座谈会 … 342

案例三：P&G 药厂"女人 6 分钟护一生"活动 … 344

案例四：诚品书店无国界医疗团摄影展 … 346

第四阶段
实操熟练各类型的文案文体 … 350

第十三堂课　艺文文创、商场、地产文案 … 352

一、艺文文创类文案 … 353

案例一：诚品书店"张耀咖啡摄影展"… 353

案例二：诚品敦南店古董笔特展 … 356

案例三：诚品服装书展 … 360

二、商场类文案 … 365

案例：上海大悦城开幕文案 … 366

三、地产类文案 … 373

第十四堂课　评估、沟通、提案三大技巧 … 388

一、文案的自我评估 … 389

二、与设计人员的沟通 … 392

三、向广告客户提案 … 393

四、身为一个文案人员的社会使命 … 395

五、如何完成自己的文案作品集 … 395

提醒与祝福 … 398

如何建立
优质的文案
"写（血）统"

◇
◎
✳
∞
≋
¤
∏
〉
♯
⣿

经常有人问我：写文案是否需要天赋？会写文案是天生的还是可以后天培养的？我在《十四堂人生创意课》中已充分回答了这个问题。依照我的经验领悟是：每个人都有写文案、创作的能力，只要你找到自己的兴趣所在，就一定会有独特的观点与表达方法，无论是写出来还是说出来都很容易。

第一阶段我将以五堂课来说明：如何找到喜欢"写"的开关？如何建立优质文案"写（血）统"？

以非读者、观众、消费者的角度来看书、电影、空间，建立多元、多维度的创意感官系统

我在《一个知识狂的书房》一文中提到自己大量买书、看书，而且不丢书的习惯。有时为了写作，很多书都必须反复地看，取其精华以为参照，我的书房就是我的"多脑盒"。我很喜欢本杰明·富兰克林说过的话："我的体内有一座图书馆的需要 [1]，我甚至不惜变卖家产，不停地买书。"我也是，我对书有很浓厚的兴趣，只要是好书，我完全不会介意价格，因为一本好书里面的几句话就有可能为我提供非常重要的视点——我的体内也有一座图书馆的需要。我的私人图书馆依照兴趣类别来做区分：自我探索、易经、塔罗、心灵、佛教、基督教、伊斯兰教、占星与生命密码、天文学、大脑学、正面思考、吸引力法则、时尚、饮食、文学、生死学、中医、藏医、阿育吠陀医学 [2]、旅行、摄影、新诗、广告、创意、梦、网络、知识与哲学、心理学、电影、量子物理学、宇宙时空学、语言学、爱情、性别、建筑总论、历史。有一本书叫《意象地图》，里面提到早期的人类在自己的洞穴壁上画出线条，或者印上手掌纹，以表示自己在场，来填补空白，传达记忆。对我来说，我的空间就是由书中的智慧、知识以及阅读轨迹来填满的。

　　想要有与众不同的创意感官系统，可以先用"非凡"的

---

[1]　此句与常规译法不同，是富兰克林的独特用法，体现了其独特的诗意与美学诉求。

[2]　印度医学体系的一种。

阅读方式来培养。所谓的"非凡"就是除了"读者"这个惯用角度，还可以用"作家"的角度来看待世界，你可以假设自己是一位作家，以作家的身份逛书店，所走的路线以及观看的深度就与读者完全不同了，就像是以不同的身份进入游戏中，所看到的路径线索与环境会大不相同。你会瞬间领悟到身为一个作家，关注的角度有哪些，书的名字、书的类别、陈列方式、封面设计与文案，包括看媒体上的一些作家访谈时，你都可以从作家的角度来虚拟作答。这样你就可以发现"身为一个读者"与"身为一个作家"的维度之别，瞬间知道自己该在哪些方面提高。

此外，以作者的角度来看书，瞬间将自己置于"原作者思维与创作"的源头来阅读，往往能读出以"读者"角度所忽略的观点。之后，再开启自己是另一位作家的平行身份，你又将看到这本书的作者没写到的部分，这些没写到的观点一旦被你看到，你就会有新的书写想法与灵感。

成功进入"作家互联脑"，"下载"他们的超感官系统后，除了边看书边广泛收集灵感之外，还可以同步进行深度阅读。例如，研究作者是怎么用字用词、怎么描述的……有不少人觉得自己有想法却表达不出来，那是因为看书看得不够深入，若每一次都能深度地进入作家的感官系统去看书，就能吸纳他的思维方式、感知方式、表达技巧、词汇库等。如果你能运用琐碎时间每天看一本书，以这样既广又深的方式看，一年下来就能扩增 365 位作家的脑云端。另一个好处是，书读得越多，阅读速度自然就越快，看书的角度就越多元，还能锻炼快速抓到关键点的能力，也等于培养了迅速浏览并找到重要信息的能力。

以此类推，从消费者的角度转换成广告创意人、广告客户的角度，看到的世界也是完全不一样的。比如你进入一个摆放了很多东西的商店空间，如果是以一般消费者的角度看，只会看到自己想要的东西；但是如果站在广告创意策划人的角度看，你观察的会是：这是一个什么样的空间？这个空间有怎样的特色？它的文案、视觉、设计、风格、音乐、空间动线、整体陈列、品牌定价以及在这个空间中的消费者有什么特殊之处？换一个新身份进入一个空间，代表着转换视野后另一个维度的学习。当你用广告创意人的感官来看所有的媒体、网络信息、广告、新闻，包括外在所有人、事、物、空间，就能同步开启很多窗口，就可以学到很多东西，每一天都有刺激你的鲜活教材。

你每天可以用至少两种身份的眼光来生活，同时还要有一个超脱自己身份的高维眼光，观察你原本的生活并同步记录。举例来说，你现在准备写一篇书店文案，在逛书店时，除了从刚刚提到的作家、广告创意人、消费者的角度来观察整个书店，同时也要观察自己，观察别人与环境，这样你就可以在这些视野中锁定不同的状态，比如这个商品、这个商场的广告客户、目标消费者、潜在消费者，甚至是竞争品牌的消费者……当你变成他们的时候，就会看到不一样的脉络与灵感，看到这些观察的对象是怎么生活的，他们在看什么媒体，关注什么议题，平时怎么说话，去哪些地方，做哪些事，喜欢什么，包括他们的视力能看多大的字，眼睛惯性的动线，走路、说话的速度……如果平常都这样观察入微的话，你在创作文案时，就会用一种立体的方式来写，能够栩栩如生地看到服务对象的样子，他的表情，他的生活步调……于是，你的用词和陈述方式也会不同——你是在跟一个活的人沟通，而不是一个数字化的消费者。

举个每天都可以实练的例子：早上起来，你可以决定今天要成为谁，假设你要写一篇针对男性消费者的手机文案，那么一名 25 岁的男性早上起床，他第一件事情会做什么？他这一天会怎么过？你也可以虚拟自己是一位 90 岁、必须佩戴老花镜的老爷爷，他起床后第一件事情会做什么？他的一天怎么过？ 25 岁男性早上起来第一件事很可能不是刷牙洗脸，而是打开手机看朋友圈的留言，看有谁给他发信息，然后一天就会绕着这个手机开始生活。90 岁老爷爷起床的第一个动作应该不是伸手找手机，而可能是找老花镜或假牙，所以如果要为老爷爷设计一款手机，按键、屏幕就应该加大，操作接口应该非常简单，而且音量可以调到最大……只要你能通过"虚拟附身"的方式"下载"数据库，就可以把思维提升到原创发明的层次，为这类消费者设计专属的商品与服务，你得到的全方位全息灵感，远远大过一篇广告文案的需求。只要在老爷爷的身体里虚拟完一天的生活，不仅能清晰地看到消费者与这个商品之间的关系、这个商品文案应该放在哪些地方、该用什么口吻与主题跟用户互动交流，甚至你还能为厂商提供改良商品的意见。比如，让这款手机为消费者增加紧急协助、社交生活、解忧解无聊的乐趣功能——不要小看每天这样的练习，一年下来就有365种不同的身份数据库可用，只要有这样多元、多维度、随时切换频道的思维与感官系统，你就有办法在平时的生活中为自己的"广告文案工作者""作家""词作者""剧作家"等身份建立对应的大数据库。

此外，强力推荐《全球一流文案：32位世界顶级广告人的创意之道》（*THE COPY BOOK*）。在书中，作者探讨了一些全球顶尖文案大师是怎样写出有风格的文案的，以及他们共通的写作之道是什么。你可以根据以下五点线索，虚拟进入这些文案大师的心脑之中，"下载"他们的文案天赋。

第一，要找到商品的兴奋点。

　　我总是试着表现客户的最佳状态，而且真的对产品感到兴奋。

　　你的工作是帮助客户创造最好的自我，找到他们潜在的某一面，然后把它表现出来。

　　寻找能够把客户那个狭小、充满藩篱的世界，与人类真正关心的广大、阳光普照的世界连起来的方法。

　　这三段话都说明，作为一个广告文案创作者要对客户的商品感到兴奋，而且要找到它最好的特点，把它表现出来。更重要的是，要把客户比较小的格局拉大，拉出一条线对接到全人类的广大一体。我们平时可以找一些热门口碑电影、电视剧、戏剧，仔细研究它们是怎么成功的。

　　我是怎么找到写文案的"兴奋点"的呢？通常写一篇文案，主题是最重要的，假如写一篇文案要花一百分钟，光是想主题就要花五六十分钟。一旦主题抓到了，我会兴奋地想尖叫"感觉来了"，下笔写文案就会又快又好，可以说是快、狠、准；但如果主题不对，写出来的文案就会卡卡的，就得再回到源头去想还有哪些主题可以运用。

在想一篇文案的时候，最好拿出一大张白纸，放射性地狂写相关的联想，比如当你决定要以"春天"作为案子的主题时，可以花点时间思考就"春天"这个词你能够联想到哪些东西。就像是思维导图般地把这个主题天马行空地发散到无边的宇宙，等到你再也想不出来任何想法后，再去看看书、电影，或是翻翻你的灵感笔记本里还有什么新的切入点可以补进这张图。

第二，每个文案创作者都应该是一个写作狂。

我用铅笔工作，有时候也会用钢笔和纸，或是电脑，如果这些都没有，我就会用别人的口红或是眉笔。比较极端的状况下，也可以给我树枝与地面、石块和人行道、指甲或是任何能够写写画画的东西。

当文案灵感来的时候，就是非写不可，不写会死，就算旁边没有笔，也要想办法去找东西把它记下来。

我思考的时候不写作，写作的时候绝不思考。

写文案前期会花很多时间累积灵感，要想办法累积到最饱，在那个时刻来临前先不要写。这有点像是在煮热水，要持续加热，一旦到了沸点，就可以开始动笔写了，不必再费思量，让满载的灵感自然地流淌出来就好。

第三，进入消费者的身体里。

把目标消费者的形象放在脑海里，钻进他的皮囊，他的心底，只有这样，才能开始跟他对话。

如同刚才提过的，虚拟附身到客户或是消费者的身体里，过他的生活，用他的眼光看世界，只有这样你才能够写出打动客户与消费者的文案。

第四，文案如诗。

文案是用最少的话，说出最多内容的艺术。

我觉得最好的文案就是一种诗，所以我们有必要去研究诗人的技巧，看他们是怎么运用语言、韵律和意象去达到效果的。

　　根据以上说法，因为文案必须短而精练，所以是非常接近诗的，也可以说文案是变种的诗：都是要用最少的话，讲最多的东西，只是它比诗多带了一点商业目的性。

　　我用祖母做杂菜汤的方法写文案，把所有能够找到的有趣素材都丢进汤里，慢慢地让汤浓缩。刚开始汤看起来相当稀薄，不过只要你继续搅拌，最后一定会煮出浓稠的好汤。

　　我在写文案前会放射状地狂想。有时会放空一天，出门做一个灵感采集者，看看能采集到什么意外的收获。把这些漫无目的的灵感采集回来之后，有时不清楚它们可以拿来干吗，但慢慢去"咀嚼"，持续"搅拌"，最后总会沉淀出很"浓稠"的好文案。

　　我写文案的方法，是把所有能拿到的数据都放在手边，然后一个字一个字地写。没有所谓的长文案，只有太长的文案，如果内容不够精准，两个字的文案也可能太长，绝对不要写出竞争者也可以用的文案。

文案创作者蒂姆的这段话非常重要，文案没有太长或太短之说，只有精准或不精准之别。所谓的精准就是"绝对不要写出竞争者也可以用的文案"。你写完一篇文案，先不要说出品牌的名字，把文案念给任何一个人听，看看他有没有办法通过你的文案一下子就猜到它是哪个品牌。如果猜对了，表示你已经把这个品牌的精髓写得呼之欲出了。

第五，文案需要视觉思考。

文案必须以视觉的想象来思考，作者必须能够看到占据空白之处的图像。

做一个文案首先要学会看到画面，即使产品还没被做出来，你也应该通过想象把它看到，然后针对看到的画面，思考有什么样的文案可以与它合体。

不管你有多忙，一定要每天跟你的艺术指导一起去吃午餐。

文案创作者要与设计人员有很好的默契，如果有共同的兴趣、共同的话题，那是最好。我在做诚品书店的文案时，经常与视觉设计师聊天，甚至会交流影展中有哪些电影好看，这样我们在沟通文案视觉时，彼此就可以用共同的语言来讨论正在进行的文案可以是什么样的风格。

伸直手拿起排好的文案眯着眼看，版式排得不好看的文案，通常读起来也像塞住的水管一样。

文案就像一座房子，它也是有结构的。写完一篇文案后应该要退到一个距离点上，看看版面的排列是否对称，是否有节奏韵律感，美得是否够稳定。

让我来为第一堂课做个小总结：以非读者、观众、消费者的角度来看书、电影、空间，建立多元、多维度的创意感官系统，思维能随时切换频道，才有办法在平时的生活中为自己的"广告文案工作者""作家""词作者""剧作家"等身份建立相应的大数据库。

我鼓励大家往文案创作这条路上走，但请不要把它当成唯一专长，因为创意文案是一个血统，不只是一份工作。若你要做文案，首先要对文字、影像、阅读、思考、哲学、人生、心理等有高度的兴趣。如果你对这些有兴趣，那你的专长就不会只有文案而已，应该可以同步创造出很多，比如写剧本、写书，或是做任何与创意有关的事，跨三百六十行都如鱼得水。

课后
练习

向全球顶尖文案大师学习
怎样写出有风格的文案

1. 要找到商品的兴奋点。

2. 每个文案写作者都应该是一个写作狂。

3. 进入消费者的"身体"里。

4. 文案如诗。

5. 文案的视觉思考。

练习题

假设你要写一篇针对 25 岁男性消费者需求的手机文案，请想一想，一名 25 岁男性早上起床，他要做的第一件事情是什么？他一天会怎么过？这些线索如何形成一篇文案？

如何建立专属的
文案灵感库

巧妇难为无米之炊，一个主厨手边没有食材是无法做菜的。作为一位广告文案策划人，如果素材都是通过搜索引擎而来，那么你跟大家找到的数据就没什么两样，写出来的文案也会差不多。倘若你真的想做一个既有深度，又能够长久保有创意的广告文案策划人，首先必须每天都做记录，一点一滴地累积成自己专属的文案灵感库。

第二堂课我将跟大家分享我平常是怎么累积、分类自己专属的文案灵感库，怎样收集好的广告参考样本……这些每日习惯非常重要，是我们未来源源不绝且独家专用的灵感宝矿。

一、收集好的广告作品与灵感素材

我在做文案期间会持续关注每一年海内外得奖的广告创意作品，无论是平面类还是影像类，只要我觉得很棒的都会存起来。平时收集的数据，我会依主题来分类，建立文案灵感库，例如，自我励志类、幽默类、亲情感动类、情感艺文类、自尊成就类、感人故事类等，这些都是我在策划文案时可以随时参考的丰富样本。

为什么要建立文案灵感库呢？因为通常做文案策划的时间都非常紧急，必须在几天内，甚至几个小时之内写出一篇文案，所以平常的积累非常重要。作为一个文案创作者，绝对不是等案子来了才开始想创意，而是已经把所有可能的商品、服务等各式各样的文案灵感都想好了放在一边备存，比如农夫有一座种类多元的蔬果园，今天餐厅主厨来买点青菜，明天果酱工厂来买几斤水果，后天邻居来要串葡萄……绝对不是等到对方来买、来要时农夫才种，而是把未来所需都提前种好，不仅可以随时准备好对方急要的，多的部分还可以做成蔬果汁、水果蛋糕、果干蜜饯等，前提是这个农夫必须每天浇水灌溉，让园里的蔬果一直饱满丰盛，随时供给，永不枯竭——请不要把文案当成速成技巧，它需要很深的底蕴，就像酿葡萄酒那样，这样的文案读起来才有味道，才能够点滴皆入人心。

此外，这些数据库不仅要放入好的广告作品，还可以分类放入其他相应的灵感和素材。电影导演马赫穆德·法吉尔·寇斯坎（Mahmut Fazil Coskun）说：

> 电影外的世界远比电影景框呈现的更大，镜头对准某样事物的同时，也就错过了其他东西。世界是不完美的，我想听听那些景框外的声音。

所以，我的练习是：假设今天看的是一部喜剧电影，我会边看边写下觉得有趣的对话和故事情节，甚至写下在电影的哪些段落大家会大笑，再把那些笑哏提炼出来。有时我会观察生活中好笑的事，也爱听别人讲笑话，如果周围的人听得哈哈大笑，我就把它收进幽默档案中，因为这些就是笑哏，将来若要构思一部广告创意短片，或是写一篇很幽默的文案，这些笑哏就会提供很多可以用的灵感。

二、从电影中收集灵感

文案大师鲍勃·利文森（Bob Levenson）说："现代的文案写作很电影。"电影是我非常重要的灵感库来源，也是很好的角色练习场，只要我不在巡讲或旅行，一定每天看一到五部电影，因为每部电影都是许多人的人生总汇。我在《十四堂人生创意课》一书中提到，在看电影时，要同步开启主角、主角的对手、配角、导演、编剧、摄影、制片人等思维角度，这样有助于启发自己的视角与下笔的方法，更有助于了解各式各样的人，比如客户和消费者，而不受限于自己现在的年龄与人生阅历。

我把脑袋分成两个，一个是文案的脑，另一个是创作的脑。当我在看电影的时候就会同步发展这两个脑的丰富度，边看电影边同步笔记。我会把灵感笔记本从中间画一条线分成左右两半，左边记录这部电影好的句子、对白、情节、画面、故事，右边写下我看电影时突发的灵感。

举例来说，看了《无问西东》这部电影后，我在笔记本左边写下了感动自己的电影对白："你怪她没有对你真实，那你给她对你真实的力量了吗？"同时在笔记本右边写下："这部电影中的每个角色都被各自的木马程序困锁住，以至于一路演变成了悲剧。"也就是说，看了《无问西东》之后，我收集了文案创意的灵感，也同步收集了写书和演讲的素材。

再举一些实例。很早以前我看了电影《再见，不联络》，里面有一句话："人生有好多个十年，如果刚好是 18 岁到 28 岁，那就是你的一辈子了。"我深受触动，并随手把这句话写进灵感笔记本里，因为 18 岁到 28 岁是人生中充满变化、惊喜、挑战的十年，相信这句话会让很多 18 岁到 28 岁的人特别有共鸣，并提醒自己要在这个时间中把握自己有限的青春精华期——后来这个内容也收录在我写的诚品文案、《十四堂人生创意课》以及多次演讲内容中。

电影《狂爱圣彼得堡》里的女主角非常自信，她的存在就是一道美丽且很有魅力的风景，每次她走在路上，那种自得其乐的样子都非常迷人。她有一句经典台词："把自己变成方糖，放在茶里，茶就不涩了；放在咖啡里，咖啡就不苦了。"这句话本身就是一段很棒的糖或蜂蜜的文案。

电影《练习曲》中也有一句励志语："有些事现在不做，以后就永远不会做了。"这段话很适合"说走就走的旅行"，适合旅行社、游轮、旅馆、旅行类网站、航空公司等的文案项目。

刘若英导演的《后来的我们》以春运为主题，文案写得非常动人，在 2018 年 4 月影片上映前后，广为传播。

春运，人类史上最大规模的短期迁徙，

这是专属于 13 亿中国人的传记。

40 天左右的人口迁徙，

数亿的流动人次，

平均约 700 公里的出行距离，

相聚却只占一年中的 7/365。

后来的我们，

为什么只有过年，

才想到回家？

为了谁四处迁徙？

为了谁回到故里？

回家的路上我们又会遇见谁？

有多少人衣锦还乡？

有多少人放弃梦想？

有多少人跑赢了时光？

有多少人弄丢了对方？

为什么赢过了漂泊却输给了孤独？

为什么讨厌春运却还要回家？

后来的我们各自跟谁吃着年夜饭？

经历过春运的人海，为什么还走失在未来？

后来的我们为什么在拥挤的人群里，

却还觉得自己孤身一人？

这段话把火车站里情感的流动、对自己以及人群的反思，还有近乡情怯的矛盾诠释得深入人心。

以后我们看电影，可以一边看一边随手记录创作灵感，一边把好的启发式金句写下来，并针对这些句子进行练习，把它们衍生成新的文案，然后再想一下这些文案可以放在哪些商品、服务上。如果还能顺手把生活中或网络上感人的故事纳入文案灵感库，那么这些全是可以用来拉高维度、拉大格局、提升文案质量的素材。

三、以有创意的阅读方法收集灵感

以有创意的阅读方法来收集灵感是很重要的，因为阅读是写文案很重要的灵感来源。平常看书时，我会在一些好的句子上画线，如果刺激我想到什么特别的点子，我就会记下来；若哪一页有一整篇非常棒的概念，我就会把那页折角并写下关键词作为索引。

举例来说，我手上有一本在讲吸引力法则的书，我会在很特别的观点处折角，若此观点是与梦想有关的，就在旁边写下"梦想"两个字，将书名与页码记录进我的文案宝典。之后再写跟梦想有关的文案时，就可以依线索找到这本书的折角处，将那些观点收录为引言，或是用来刺激我想出不同的点子。我目前已收藏了数千本书，这些阅读时所做的折角就是我非常丰富的灵感路径，未来任何时候若需要紧急写一篇文案，就不用再大海捞针似的找资料了。

至于该怎样阅读，才能让自己的文笔功力大增，我给大家几个建议。

第一，深度阅读，甚至研究作者的用字以及描述方式。

看到一段很有感觉的文字，要深入地研究一下，作者的文字是怎么开始吸引你的注意的？他想通过描述传递什么？他的文字是用第一人称还是第二人称？你很有感觉的段落用了什么句型？用了哪些动词、形容词、名词？通过这段文字，你脑海里呈现出了什么画面？有哪些感觉？这段文字的哪几句话，就算你合上书本，依然回味无穷，还能够把它背出来？

所以，并不是匆匆忙忙把书看完就算了，那样等于没读过，因为这本书的精髓并没有进入你的血液里。你可以先挑几本非常喜欢的书仔细阅读，把它的养分像打点滴似的打进你的灵魂里。除了喜欢的书之外，也要读一些正在流行的畅销书，因为你要知道目前的流行趋势是什么，人们在关注什么样的话题，这有点像是风向标，要知道广告文化也是跟着流行文化走的。

一个好的文案创意人必须是一个流行的预言家，站在整个流行风潮的最前端，具有一叶知秋的能力，当一点点苗头出来的时候，就能预知这点苗头未来会不会漫山遍野地流行开来。例如，某本新书一上市，你就能够预言这本书会不会对后来有巨大的影响。更进阶的，你还可以成为创造流行的先行者，知道社会目前需要什么，通过文字去带领新的风潮。

第二，大量阅读，培养快速阅读并抓到重点的能力。

所谓抓到重点，就是发现关键词或者是创意点。你要学会大量且快速地阅读，而且要做笔记，将这些笔记分类，补充你的文案灵感库，这是非常重要的，将来你在写文案时灵感可以信手拈来。

我建议作为一个文案创作者，办公室、工作室或是书房里一定要有很多书，而且经典书是必备的。有时候写文案需要深入某一个观点时，就可以从书架上翻找相关的书。比如要写一个以"香料"为主题的书展文案，就找出《感官之旅》，此时不再是从头到尾仔细地读，而是全页全篇地搜寻"香料""气味""嗅觉"等关键词以及相关的故事。我在写一篇文案的时候，通常要以这样的方式只针对主题去搜读五六本书，但如果平常都没有看过这些书，你怎么知道要挑哪些书来搜出文案的"养分"呢？

除了书之外，还要密切观察网络上流传的信息，看大家都在微博、朋友圈上晒哪些图文，并分析未来可能的流行动向。你可以每天或每周写下十个自己观察到的流行关键词，依重要性及影响力排序，作为日后检验自己有没有预言能力的重要依据。

请准备一本活页记事本作为你的文案秘籍，边生活边观察，边收集边记录，这将会是你珍贵的文案宝典。如果你的灵感库一直是饱满的，怎么可能会有灵感枯竭的时候呢？

第三，以人类学家的角度阅读你周围环境中的人、事、物。

《巴黎地铁上的人类学家》的作者，当代重要的法国人类学家马克·奥热（Marc Augé），在埃米尔·杜尔凯姆（Emile Durkheim）、马塞尔·莫斯（Marcel Mauss）、克洛德·列维－斯特劳斯（Claude Levi-Strauss）等人的影响之下，提出了许多关于当代生活和全球化社会的问题。他抛开遥远、原始和严肃的人类学包袱，率先展开关于地铁的人类学论述，我们可以借鉴这本书的视角，将自己训练为此时此地的人类学家。下面引用一段本书繁体版（2014年版）出版方行人文化实验室为它写的内容简介。

地铁路线仿佛摊开的手掌，每一条相互错综交叠的折痕分别代表家庭线、工作线、感情线，这些关于地铁的个人回忆交织出一个城市的前世今生；拥有不同掌纹的每位乘客彼此互无交集，仅以模糊的面目，孤独地朝着不同方向移动……在现代社会，人们经常移动，在到达下一个地点的路径之间，时常短暂停留在车站月台、机场大厅。

当人们身处这种空间时，需要依赖各种符号指示以完成在该空间的目的；当那些指示被替换，该空间对人们的意义也随之改变。马克·奥热称这种性质浮动的过渡性空间为"非地方（non-lieu）"，非地方的意义可以不断被重置，所以非地方并不承载历史，在非地方的人们也不具面孔，仅以信用卡或车票作为身份识别。持着车票当作身份认同的人们，在非地方中以个体为单位被处理，由此产生了孤独。巴黎地铁的规模庞大、路线交错复杂，交通网络从市区核心延伸到近郊，而路线与地铁站的增长恰恰标志着这个大都会区的扩张历程。

马克·奥热是个地道的巴黎人，巴黎地铁在他生命中的各个阶段从不缺席，他几乎可以用地铁站名填写自己的履历表。他从儿时回忆说起，地铁因他的个人记忆有着不同的意义，但路线和站名并不只是地理的指涉，更承载着集体的身世和整个城市的历史脉络。

他以人类学家的眼光，在日常生活的地铁空间中进行民族志的田野调查。所有移动的乘客和短暂停留的流浪汉、扒手、小贩等都是他观察的对象。他以自身的观察穿针引线，串起各方人类学和社会学的相关论述，阐明概念、提出思考。

　　在这个快速扩张的现代社会中，每个个体都在
进行孤独的移动，因为孤独，我们感受到群体，并
在地铁这样的空间中和群体建立起似有若无的联结，
或在交汇的移动中，与空间建立起不同以往的关系。

　　这本书可以让我们把"非地方"的地铁经验与30年前的
巴黎联结起来，提供了一个让每天百万人次的孤独得以被文
字描述、理解的框架，为我们探索与城市、身边人、目的地
或出发地的关联提供了幽微的线索：一张交叠着地理、记忆、
孤独与群体的移动地图。

　　此外，赤瀬川原平、藤森照信、南伸坊在1985年合编的
《路上观察学入门》，在日本掀起了一股"路上观察"风潮。
所谓"路上观察"，就是在路上进行观察，加个"学"字则
带了点钻研的意味。这群人除了会将观察结果用手绘图、照
片或文字记录下来，还会设计工作表格、规定记录准则、为
特定对象命名，甚至举办社团训练活动。路上观察学的前身
可追溯到关东大地震后兴起的"考现学"，在破坏与重建之
间，记录现时当下，各自从其擅长的角度告诉我们可以怎么
"看"，以及我们可以从观察记录里"看"到什么。赤瀬川看
到林丈二的记录时曾经说："如果外星人登陆地球的话，做的
大概也就是这些事吧！"现在不是地理大发现后博物馆式的
猎奇时代，记录的重点应该是看、描述和新鲜感，身为记录

者必须随时保持对这个世界的好奇心，在记录的当下，我们也必须花更多的时间看，同时认真想该怎么用自己的方式描述、记录这个世界。

课后
练习

如何累积、分类
自己专属的文案灵感库？

1. 从电影中收集灵感。

2. 以有创意的阅读方法收集灵感：

（1）深度阅读，甚至研究作者的用字及描述方式。

（2）大量阅读，培养快速阅读，且能够同时抓到重点。

（3）以人类学家的角度观察周围的人、事、物。

练习题

一边看电影，一边随手记录创作灵感，写下好的启发式金句，练习试着把它们衍生成新的文案，思考这些文案适合哪些商品、服务或是空间。

如何培养有风格、有气味、有画面感的写作能力

一、每天练习用文字表达自己的独特观点

表达有很多种方式，说话、唱歌、绘画、舞蹈、写字……无论是哪一种，都要每天练习，用该方法表达当天你最有感觉的体悟。举例来说，如果你是一个文字工作者，每天要写金句放在微博或微信朋友圈上，这些金句不是流水账，而是要有自己的观点、自己说话的语气和腔调。别人看到这些话，不必看名字就知道是你写的，从文字里能听到你呼吸的声音，于是你的文字表达风格就形成了。只有当你会用自己的风格精准地写出想要表达的感觉之后，才能够进一步切换到其他消费者身上，练习如何用文字钻进消费者心里，用消费者的口吻把触动的感觉写出来。

举个实例来练习。如果要写一个比较霸气的，强调安全性能很高的汽车类文案，你会怎么写?

想好了吗?

想好了，再往下看。

沃尔沃汽车的特点是坚固和安全，它的文案是"你可以像恨它一样开它"。你不需要详细知道这款汽车有哪些安全配备，因为"像恨它一样"的感觉每个人都一定有过。你在

愤恨时会摔门，会砸东西，会提高语调，举止粗暴，这辆车可以承受你的暴怒，可见它很坚固——这样的文字会迅速勾起你的情绪，也瞬间让你脑海中出现生动的画面。如果你的文字无法让人看到画面，对方也就无法感觉到你想要表达什么，更别说被吸引、被记住，然后冲动到去消费，这样的文案是失败的。

再举一个自己的实例。我从希腊回来后写了《希腊：一个把全世界蓝色都用光的地方》一文。如果我用"希腊很蓝"，那么这就只是一个很平淡、无法引起情绪波澜的叙述句，换成"一个把全世界蓝色都用光的地方"，不管你有没有去过希腊，脑海中很容易就会跑出"把全世界蓝色用光"的动态影像，仿佛看到一位画家将手中所有的蓝色颜料都倾倒在了希腊。也就是说，如果你想要让笔下的文字生动，必须先看到文字里的画面。

二、阅读一段文字，闭眼看画面

当我们闭眼时，一样可以感知，这就是内在感官。大脑分不出哪些是真实的，哪些是想象的，所以在写文案之前，内在感官必须先活化。要培养文字的视觉想象力，可以通过书籍、绘画、展览、电影、电视剧、新闻、日常观察等方式来练习。举例来说，选出一本你喜欢的文学作品，无论是小说、游记还是一首诗，读一个段落，然后闭上眼睛，看看是否能感受到刚刚读的文字所描述的画面、味道、温度和触感？好好体验这种感觉，再进一步思考，如果要用文字来描写眼前的空间，你会如何精准地用字用词，让别人看到这些文字之后，其感官就能还原出你所在空间的环境、气味、触感、声音。

举木心的一段诗给各位练习，大家可以边看边想象它的画面。

> 爱斯基摩的妇女们，
>
> 手执木棍，
>
> 把住处的风赶出去。

通过这短短的三行诗，你能不能看到动态的影像？如果可以，你就有了把文字转换成画面的能力。之后，你继续用内在视觉"收看"，想象这个画面之后下一个"尚未被写出来"的画面可能是什么。

如果你到美术馆看画，还可以这样练习视觉思考：想象眼前是一张白色的大画纸，上面什么都没有，你附身于这幅画的作者身上，看到眼前整个大自然全景，想把哪些范围内的风景画到纸上？要根据一幅现成的画，把时间倒推回画家刚刚开始构思作品主题、准备选材的那一刻，甚至要还原到比这幅画更早、规模更大的动态场景，这样你才有能力把脑中的景象和灵感变成实体作品，这种能力很重要。如果你做文案或其他文字工作，没有这个能力，写出来的内容是无法触动别人的情绪与感觉的，这些文字就会缺少生命力。有一句话讲得非常好："如果你脑袋里没有城堡，手上有再多积木都是没有用的。"这句话讲的就是文字的视觉想象力。

三、多看视觉类的艺术作品

平时要多看视觉类的艺术作品，比如美术设计人员在看的书。我经常把自己当成美术设计人员来进修，培养自己的视觉思考，以及与美术设计人员沟通的能力。在我的阅读书单里面，三分之一是跟心灵成长有关的书，也有三分之一是跟美学、视觉、设计等艺术相关的书。此外，历年来得奖的经典广告及影片也是一定要看的，并不是要去模仿，而是去看它们是怎么被想出来的，是如何从日常生活中提炼出这些令人惊喜的创意爆点的。一旦学会这种点石成金的能力，就有了"无中生有"的创意魔法。既能想出品牌精神、策划活动，还能写文案，甚至可以把整份文宣都设计出来，那你就是全能的创意人。比如阿原肥皂，它的产品开发、文宣概念与设计，都是阿原在主导。台湾知名糕点品牌日出大地，糕点包装盒上的文案与设计都非常有创意，很多人是冲着这些包装买的，吃完里面的糕点还舍不得丢掉，每一个包装盒都像是礼品，或是一本精装书。建议大家可以去台湾台中宫原眼科总店，他们把一个老的眼科医院改建成糕饼中心，把整个空间设计成图书馆的样子，每一本糕饼书都被放到类似图书馆的书架上——据说这家店的老板鼓励所有员工一起构想商品，一起写文案，做设计，想活动，每个员工都是这个品牌的创造者。

四、看完画面影像之后口述练习

我练习"视觉想象思考"的方法，就是每次看到好的影视作品、好的艺术表演或是新闻画面后，找一个从来没有看过这些的人，用非常详细的方式说给对方听。举例来说，看了一部爱情文艺片之后，我会把所有看到的画面，包括几分几秒在怎样的空间出现了谁，做了什么，30秒后又出现了谁，两人之间说了什么，各自分开搭乘怎样的交通工具，去做了哪些事，非常详细地描述给一个从未看过影片的人，让对方可以仅仅通过我的语言描述就仿佛看完了这部电影——如果没有这样的能力，就没有办法把脑袋里的一切，非常生动地表达给读者、观众、消费者。所以，只要你能够巨细靡遗地描述电影，这种"视觉想象思考"就能让你有办法构思广告影片、电影戏剧脚本，这就是我开启多元创作、产生裂变式文体的秘诀。

五、发展"自生情节"的视觉联想力

《物类最新消息》可以说是文案创作者必读的经典书，罗热－保尔·德罗亚（R.-P.Droit）把日常生活中常见的51件平凡物件，用哲学家的观点，以非常诗意且很有联想力的方式描述出来。我们就用他这本书上的例子来做练习，比如我们喝汤用的碗，如果要用一段话来跟一个从未见过碗的人描述"碗是什么"，你会怎么说？

请先用十秒钟想一下。

想好了，再往下看。

我们来看看作者是怎么定义碗的，你可以一边看他的描述，一边想象这只碗的画面：

你的碗开创了容器的功能，它能够终止水无止境地流动。碗很像是一个岩石凹洞，有着手的大小，胃的容量；它也是一个开放式的洞穴，温热的容器，最具母性也是最叫人放心的物件。佛教僧人即使放弃一切，也会留下一只碗（钵），碗对僧人来

讲就像是家，纯粹温柔的母胎，就像是有人把诵经
的时间长短定义成一碗饭的时间，其实就是填满一
个胃的时间。

你看到作者眼前这只碗的样貌了吗？这就是发展"自生
情节"的视觉联想力，让画面从脑袋里跑出来。

再举一个例子。你会怎么定义、描述开门用的钥匙？你想
要传达什么画面、什么概念？你会用什么样的句子形容它？

先用十秒钟想一下。

想好了，再往下看。

钥匙会发出叮当声。它是进出、居住、开车、
工作、旅行的必备品。钥匙拥有权力的主要特征，
既神秘又孤独，它有一种浓缩的力量，能放行，也
能够守护家园。它随身带着门的控制权，同时也是
爱情的担保，一对相爱的人就是彼此的钥匙。

是不是很美？如果把这段文字作为一个钥匙造型的项链
文案，是不是很容易触动感官？

再试一个。如果要描述"伞"或者写一段关于伞的文案，你会怎么写？

想好了？往下看。

伞是可以带走的天空。

脑海中是不是出现了这样的画面：很多人撑着一把属于他们自己的"天空"，走在下雨的街道上？如果你是设计伞的人，或许便因此突然有了把伞面画成教堂穹顶或蓝天白云的灵感。所以，一句好的文案会激发商品设计者新的灵感，也会刺激使用这个商品的人拓展新的用法、拥有新的心情。

德罗亚以哲学家的角度定义了人们平常使用的盐罐。

一旦味道太淡，你就会想要找盐罐，或者是用目光，或者是用手。下意识地伸出去的手可立刻到位，专注而忠实，之后，你也会马上忘了它，否则你会一直忧心地寻找，就像有时候离得很远，在另一头……无论如何，盐罐是一个若隐若现、时有时无的东西，它自身却有恒久持续的保障，它的稳定性是它的责任，不是你的问题，你对它的要求只不过是随时扮演好它的角色。无论发生什么，都要提供味道的急救服务，时时刻刻听候差遣……盐罐是文明的指标，想一想盐的历史，史前有一群鹿舔着从岩洞中露出的一块东西，勇士发现了便跟着去尝……使用盐罐的时候，通常会让罐子颠倒过来，不用太久，不用太多，极少的量便足够了，对抗平淡是一场奇怪的战役，盐罐其实在许久以前是我们称为灵魂的实际形象，地球上的盐也成了任何一个人。

平淡无奇，上下颠倒，量不用多，作者笔下的盐不就是智慧的写照吗？如果你手上有这本书，在看正文前，不妨先看看目录，试着就这51种物件各写出3000字以上独特且有深度的定义与描述，写完之后再往下看，看看德罗亚是怎么描述的，你跟他的区别是什么，有哪些是他看到的、讲到的，而你却忽略了，你又看见了哪些他没有发现的。这就是以"思考与画面先行"的阅读方法来练习原创能力。

六、多欣赏感官类的书或电影，来启动鲜活的"文字力"

非常推荐大家看《最后的食谱：麒麟之舌的记忆》，这部电影通过影像把美食呈现得非常生动诱人。我是一边吞口水一边看完这部电影的。还有一本书叫作《小说餐桌》，这本书一开头引用了《华氏451》中一段非常美的文字：

　　我曾经拿书来当色拉吃，书是我午餐的三明治，我的晚餐，我的消夜。我撕下书页配盐一起吃，蘸些佐料，啃咬它的装订，还用我的舌头来翻弄章节！几十、几百、几亿本书，我带了太多书回家，结果多年后我驼背了。哲学、艺术、政治、社会科学、诗词、论文，随您挑，我统统吃了。

是不是很适合用作书店或文创空间的文案？短短几行就在书与食物间做了很好的呼应与衔接。

　　另外，关于嗅觉、味觉还有一本很重要的书——《感官的自然史》，里面有非常多极生动的气味描述，比如：

　　紫罗兰闻起来仿佛是曾经泡过柠檬和天鹅绒再经烧灼的方糖。

还有一段描述也非常生动：

　　嗅觉不像其他的知觉，它不需要翻译者，它的效果非常直接，不会因为语言、思想或者翻译而稀释。某种气味会使人怀旧，因为在我们还没剪辑之前，它已经勾起了强烈的形象和情感。莫里斯说，如果我们把香水给了某个人，就相当于给了这个人记忆。当记者问玛丽莲·梦露穿什么上床的时候，她腼腆地回答：香奈儿5号。

而这也是一则非常经典的广告文案。当她说她只穿香奈儿5号的时候，你仿佛可以看到她裸睡的曲线，闻到她的气味。

《感官的自然史》是我作为文案创作者的案头参考书，它的庞大感官类信息是瞬间拉深、拉高文案维度的速效剂，例如书中有一段文字生动地描述了味蕾的功能：

只要食物中有1/200的甜味，我们的味蕾就能够尝出来。我们也可以品尝1/400的咸味，1/130000的酸味，而且只要有1/2000000的苦味，我们就会知道。

这很适合用来描述人生或是一杯饮料。

此外，我再推荐一本跟食物有关的书——《派的秘密：唇与舌的回忆》，里面有非常多关于食物、气味的描述：

你不只是在做泡菜和果酱，而是在延迟回忆，把时光泡起来，不然就消失无踪了。冬天，雪花飘在光秃秃的树干上，你从罐中取出泡菜或是果酱，涂在圆圆的松饼上，一页相簿就此翻开，你正在咀嚼回忆。

　　这就是一段非常有滋味的文案，描述泡菜或果酱，你看到这些句子，是否能够闻到、品尝到这些气味以及舌尖上的感觉呢？正因为我非常喜欢看这些跟食物有关的书或食谱，所以在写与食物相关的文案时，很多灵感、词语可以信手拈来，而且又快又好。

　　我再以徐四金[1]的《香水》为例，如果你看过这本书，会从字里行间闻到巴黎市场的气味，因为书中的文字非常精确地"转译"了作者闻到的气味、身处的空间，令人身临其境。你在看小说、诗、散文，特别是美食文时，记得把一些生动的气味描述记录下来，放到你的灵感库里，看看作家如何描述烧烤玉米、一朵花开或者森林清晨的气味。

　　出一道练习题：如果有一家书店开在一家超市附近，你会怎么定位这家书店？如何用超市的元素来写这家书店的文案？

　　等你想好了，往下看我的例子。

　　我以一篇自己写的诚品书店高雄 SOGO 店文案为例，这个书店开在一家生鲜超市正对面，我就用这个特点作为文案的主调：

---

[1]　即德国作家帕特里克·聚斯金德（Patrick Süskind），台湾地区通常译为徐四金。

> **在有味觉的果园书店，**
> **为爱人买菜，为自己买书**
>
> **诚品书店高雄 SOGO 店新开张，**
> **欢迎带着菜篮来秋收知识！**
> **为爱人买菜，为自己买书。**

　　因为书店就在超市对面，所以你拿着菜篮来买书，一点都不会奇怪——我用超市与书店的综合意象来写这篇文案，仿佛就闻到了染上蔬菜和水果的书的气味，这样写起来就特别生动，这就是我动用了"文字视觉想象力"的案例。

> **离开厨房炉火，**
> **提着菜篮到书店里找新的烹调创意：**
>
> **在诗的牧场，收割一本能闻到野香的《草叶集》，**
> **到文学农庄，采摘一本刚上架的《西红柿》，**
> **辗转采集有味道的知识，找几本合你口味的书，**
> **用营养和卡路里来考虑书 / 果的综合菜单，**
> **走之前记得带一本作家写的食谱，**
> **或是架上有水果名的诗集，**
> **放进盛满青菜、面包和书的菜篮里。**

　　《草叶集》《西红柿》都是书，在这里被当成是一种蔬菜水果。

也就是说，我必须知道有哪些书的名字本身就有食物或有蔬果的名字在里面，这些都是平时累积而来的。

此外，这"书 / 果"不是蔬菜的"蔬"，而是书本的"书"，我直接将书与食物做一个有趣的嫁接，并且用"卡路里"来形容书本知识营养的程度。

在厨房弄张小躺椅，
悠闲地度过火候时间：

读完泰戈尔的《采果集》，

用油醋和橄榄腌的蔬菜应该已经入味了。

沉浸于伊莎贝拉·阿言德[1]的《春膳》，

感觉到烟热，

炖牛肉汤已可以起锅。

把料理食物的过程、等候的时间用来看书，这样就能让厨房跟书房的意象合在一起。

逛完一圈彼得·梅尔的《茴香酒店》，

闻到微焦的香味，

苹果派已经烤好。

---

[1] Isabel Allende，智利作家。

作家的灵感是有味道的，
能帮你用感情料理三餐，
用唇尝一杯葡萄酒和消化一整页的爱情。

这一整页的"页"，并不是日夜的"夜"，而是书本的"页"，我会特意用一些同音字，在文案中布下生动且有趣的双关语。

诚品书店就在高雄 SOGO 百货楼下，在最新鲜的超市对面！
让书本跟着蔬果有季节变化。
你每买一本书，
我们就送一颗刚采摘下来的新鲜柠檬。
让每本从这里带回去的知识，
一剖开都有维生素 C 的味道……
9 月 5 日，请带着你的好胃口来秋收最新鲜的智慧！

当时诚品书店的活动是买一本书就送一颗柠檬。于是我就把这个活动串进文案里，用超感官视觉化的文字表达：从这里带回去的书，打开来都会闻到柠檬维生素 C 的味道。

我平时会收集大量关于食物、感官的书或资料，以帮助我对诗意的感官有深入体会。我的书柜有两大格专门放食谱或其他跟食物相关的书籍，写文案时就可以随手拿来参考。准备写一篇文案时，先在脑袋里把这个环境空间建出来，然后把触觉、味觉、嗅觉等感觉氛围铺垫好，就可以开始了。我平常随时随地都会这样练习：吃一顿美食、逛菜市场或到寺庙闻闻焚香的味道……无论今天闻到什么特别的味道，试着用文字把它写出来，然后传给朋友看一下，问他们是否能通过文字进入我所在的环境；或是去找一个喜欢的商场，逛一圈后想想看，如果你是这个商场的消费者，商品文案要如何抓到能刺激你感官经络的亮点，让人看到这些文字后有特别的感觉？

正因为这些有趣的刺激，也触发了我另一类型的创作，《情欲料理》《食物恋》这两本书都是跟食物有关的作品。有了非常丰富的灵感库，就可以同时写文案和书，我也帮自己写的食物书写文案，例如《情欲料理》的文案是这样的：

> 爱，一个动词，
> 讲遍了千年来所有的爱情故事。
> 翻开食谱，人对待食物却有上百种鲜活的态度：
> 剁、切、刨、擀、煎、煮、炒、炸、焖、
> 烩、烤、焗、蒸、熬、烫、腌、烘、炖……
> 如果把对待食物的动词拿来料理爱情，
> 砧板上兴奋的不只是舌头而已。

> 爱情要保鲜，刀功要细腻，
> 相处讲究火候，平日擅长红烧情欲，
> 忠诚原汁原味，出轨口感十足；
> 上千种各式料理摊在桌上，
> 句法如诗，
> 料理的步骤像恋爱的节奏，
> 眼睛随着分解图片，
> 吃进一幅一幅色香味俱全的人间风景。

　　如果能够用诗人的眼光或哲学家的思维看待日常生活，每天在身边找一件平凡的事物好好观察，用创意独特又有深度的方式描述它，甚至配上自己的插画或者摄影作品，就会体悟到很特别的诗意与哲思，自然而然就能够写出有风格、既吸睛又有底蕴深度且余蕴缭绕的文案，累积到最后还能成为你的文案灵感库，甚至还可以集结成书！换一种阅读方式，就能同步培养有视觉风格的文字写作能力，就能让自己的文案写／血统更进一阶。

　　在第三堂课最后，我再给大家一道练习题：用短短的一百个字，写下你刚刚吃的食物的味道，或是刚刚喝的那杯茶、咖啡的口感，最重要的是请不要用别人写过的形容词，而是自己想办法用最独特的生命经验来写你所尝到的味道，无论是嗅觉还是味觉。写完之后念给另外一个人听，看看他是不是能够感觉到你所描述的那种感官氛围，如果他一听完就很想赶快品尝你所描述的食物，那么你的文案就成功了。

身为一个文案创作者最美好的事，就是能将我们独特的视角，通过文字让其他人看到并感受到我们眼前的美好，无论是商品还是世界，这就是为什么有人用"品时"来形容享受生活的态度。记得打开你敏锐的描述能力，用感官创作者的身份来好好地体验今天！

课后
练习

用诗人的眼光、哲学家的思维
写出有视觉风格的文案

1. 每天练习用文字表达自己的独特观点。

2. 阅读一段文字，然后闭眼"看"画面。

3. 多看视觉类的艺术作品。

4. 观看一段画面影像后，尝试用口述的方式表达出来。

5. 发展"自生情节"的视觉联想力。

6. 多欣赏感官类的书或电影，启发鲜活的文字力。

练习题

用短短一百字写下你刚刚吃的食物的味道，或是刚刚喝的一杯茶、咖啡的口感。请不要用别人用过的形容词，想办法用最独特的生命经验来写。写完后可以念给另外一个人听，看看他是不是能够感觉到你所描述的感官氛围。

建立音乐库，
创造写作的
音乐频率场

挑音乐是很重要的。无论是写文案还是进行其他创作，我都会先选定音乐之后再开始，这有助于在经常被打扰的环境中，维持一个固定的频率场，并可以保持写作风格的一致性。

我随时随地都在收集音乐，比如在机场、餐厅、车上听到很棒的音乐，就会搜索出来，收进音乐档案夹中；我还会把收集到的音乐详细分类，例如激昂的音乐适合写大气势、大格局、雄壮威武型的文案。假如我在帮一个水疗养生馆写文案，会先找一首很舒服、很宁静的有关大自然的音乐作为背景，音乐一放，就瞬间进入放松的状态，仿佛我在森林里面享受水疗，让这种很舒服的感觉自动带出文案之流，帮助我瞬间"下载"让人非常悠闲的水疗文案，就像是在帮自己的文案找配乐，这些音乐都是我的文案灵感孵化器、最快速的时光机，可以瞬间把我带到要写作的时空中，也等于是我的调频器与定频器。我将许多音乐收录进《音乐欣频率》《音乐超频率》[1]的专辑里，这些都是我非常喜欢听的，可以作为一边想灵感，一边写文案或者创作散文小说的背景音乐。

除了随手搜寻听到的音乐，我在旅行时也不会错过任何买音乐专辑的机会。我把这些音乐放进课程中，作为冥想的一部分，用音乐帮大家调频、定频、画人生蓝图、"下载"人

---

[1]《音乐欣频率》，风潮唱片发行。

生的三张 X 光片、预示未来的关键词……我也常在带团旅行时担任车上的音乐调频师，甚至从音乐库中选出大量曲目作为 2018—2019 年上海跨年调频舞会的现场音乐，成功带领近 600 人一起狂欢跨年，可以说是一鱼多吃!

　　建议大家随时随地收集有灵感的音乐，依主题建立自己的音乐库，平常还可以练习"创造音乐频率场，开启创作之流"：拿一张巨大的白纸，一支多色笔，选择一首很有感觉的音乐，最好能在音响效果佳的场景中，针对现在想要写的主题，边听边把冒出来的灵感速记下来，等到音乐结束，再去整理这些发散的点子，慢慢地形成一张思维导图系统，或是浓缩成一碗有浓度的"文案汤"，这就是很好的创意写作提炼法。

课后
练习

▌用音乐激发创作灵感

随时随地收集有助于激发灵感的音乐，依主题建立自己的音乐库，以此维持固定的频率场以及写作风格的一致性。

▌练习题

拿一张白纸、一支多色笔，播放一首很有感觉的音乐，针对现在想要写的主题，边听边将涌出的灵感速记下来，等到音乐结束，再去汇整刚刚散发出来的点子。

衔接"爱"的最高频率，像恋爱般地写文案、写作

我常觉得文案的威力有时候是大过文学的，因为文案会大幅度改变很多人的视角，广告创意人就像能进入别人心、脑、眼中看世界的超能力者，当然，这种本领是要在平时的生活中练习的。

　　有很多人问过我，要如何创作出感动人的文案或其他作品，一开始我觉得匪夷所思，这些问题就像"该怎么爱上一个人""如何打动对方"一样奇怪，因为爱是很本能的情感，我们无法用头脑分析自己是"怎么爱上他／她的"，也无法理性分析究竟是对方的哪些部分吸引了我们，所以后来我的回答是：先爱上你要写的主题、商品、空间或服务，先从你喜欢的部分开始写。

　　一部文学作品或是一篇文案，其实就是创作者通过文字来影响别人看世界的方法。有个洗衣机的广告文案非常经典："还好，这个洗衣机只洗掉味道，没有洗掉我对你的记忆。"这就是用情感在写文案。

　　有一天深夜我看完金马影展后回家，路过诚品办公室，看灯还亮着，我就上楼去打个招呼，看到早上跟我一起开会的美术设计师还在加班。我问他："今早开会的文宣，老板不是已经通过了，为什么还要加班？"他回答："因为我在想，这张海报的底色，是加 10% 的黄色比较好看，还是减 10% 的黄色比较好看。"我很惊讶地问他："这个很重要吗？"他说：

"是的，因为这张海报会贴在整栋建筑外墙，对面小学的孩子们放学后都会经过这面墙，一定会看到这张海报，这张海报的颜色会影响他们的美学素养……"这段话让我非常感动，原来作为一位美术设计师，他的使命不只是把文宣做出来让老板通过，而是深知自己的作品还会影响所有看到海报的人。正因为格局如此不同，他的文宣设计始终很难被超越，他对自己每一件作品的标准要求既高又广，远远超过老板对他的要求。自此之后，我就不再视文案为一份工作，而是一个"我有机会通过这篇文案让所有看到的人从此爱上阅读"的使命。

　　这件事瞬间转变了我写诚品文案的态度，我会刻意在文案中放入几个冷门作家的名字，即使看文宣的人从没听过这些作家，但我相信虽然他第一次不知道这些名字是谁，可下次在书店里又看到时，就会注意到他们，等到第三次、第四次，就会记得这些作家的名字，进而有机会打开他们的书。所以我写文案的重要使命之一，就是让每个人都开始认识文艺圈的优秀创作者，无论是作家、画家、建筑师、音乐家、导演还是其他文艺工作者，让每个看到文宣的人都有兴趣开启并发现更广大的世界，而不再是仅仅熟知演艺圈的明星而已。

　　另外，还有一个我跟诚品的小故事在此也分享给大家。

当时，还不是诚品书店文案工作人员的我，作为读者在诚品书店里找一本书，我到柜台询问，工作人员起身带我去找那本书，同时跟我指出还有哪些书也是这位作者写的，甚至很开心地跟我说还有哪些作家影响了这位作家……我本来只打算买一本书，最后扛了二十多本书离开。其实她只是柜台服务人员，并没有业绩压力，只是因为她太爱书了。我非常欣赏诚品书店工作岗位上敬业的员工，他们如此热爱书，并且毫不吝啬地把这股热情感染给身边的人。如果整个公司凝聚着这样的氛围，每一位员工都喜欢做这件事情，比如书店的员工都喜欢书，或是做网络平台内容的人非常喜欢跟别人沟通交流，那么这个公司就不需要老板严格管理，因为每个人的热情能自然吸引消费者的好感。你要带着谈恋爱的心情来享受写"文案情书"的过程，只有感动自己，才可能感动别人。

也就是说，如果能够放大眼前工作的影响力，将之"使命化"，这份工作就变成了有趣的生活方式，瞬间成为神圣且伟大的使命，你的作品就有很大的动机动力、时空深度和格局气场。你可以每天选一个喜欢的商品或店家，为之写"情书式"的文案，通过你的平台宣传这些好的商品或店家，让强而有力的宣传形成"良币驱逐劣币"的影响力。举例来说，如果你用了一个很好的商品，或是吃到了很棒的一餐，或许他们的文宣做得不怎么样，但是你有能力把美好的体验写成一篇很好的文案放在社交平台上，也同步发给店家老板作为新的文宣，帮这个品牌或店家活下来，你得以继续享用这个品牌或商品，它也不会被别的不好但影响力大的品牌或商品打败。况且，如果你写得好，老板喜欢，以后自然就能接到很多案源，写文案就会变成有使命的兼职甚至正职，你的文案作品集也能瞬间带你"量子跳跃"到作家这条路。

此外，每天练习用热恋的心情生活：早上带着爱的感觉起床是一种什么状态？用恋爱的方式刷牙，喝咖啡、果汁或豆浆，爱上遇到的人、事、物……用这样的心情灵感写日记，你也就能接上"文案情感源泉"。以我的一本书《爱欲修道院》为例，里面就是以恋爱为题写了一整年的日记。

> 文明才刚开始，我想和你创造文字、音乐，请你也来列我们的天地清单，让我们一起孵成没有杂质的文化，无穷无尽。我们可以活好几辈子。或许我华丽而繁复的文字，会一夕之间变成简朴，我的话简单到就是我的意思。你原来迷恋我的繁华将逝，我的文字不再迂回影射，你不须借着我的文本联想我、翻译我。你从我的文字迷宫走出，开门进入我最直接的心灵环境，善于推理的你，可以甘于

如此平淡的解读路径吗？

　　这段文字非常适合书店、咖啡厅等文艺空间，或是网络聊天软件，让你与情人可以互相张贴亲密图文、心得体悟，或是可以写日记给未来的情人，让对方以后遇到你，还有机会参与你过去的生活点滴……这些是平常就可以写下来的灵感，这样的思考练习很重要。以后在看书或电影时你可以同步思考：这样的情感概念可以变成哪些类型的文案？适合放在什么样的商品、服务或是空间上？这就等于开启了"广告创意文案"的平行世界思路，让你随时取用这些点子。

　　再举一个大家可以实练的例子，下面是我在《爱欲修道院》里面的一段文字，可以边看边想一下，这段文字适合放在什么商品上面。

　　你有着我无穷的想象力还不够？我可以扮演你想要我扮演的，让你耽溺在看不完的貌相里：如果你要情人我就是情人，如果你要家人我就是家人，如果你要孩子我就是孩子。我可以是男孩也是女孩。我已经画好了我俩的一统舆图，四方经纬交给你来画。我已照我的想象画生了珍异百兽，物种子裔由你来繁衍。我已定了新的天候时令，历法祭仪由你来设。我已定朝夕，你来定时刻。我已定方圆，你来定度量衡。我已画图腾信仰，请你定人间律法！我已安排天雷地动，各地方言由你来传述。我已开天辟地，请你定百官体系。请你找史巫收集我和你的神话、传说、野史轶事，请按时记事，让他们从我们开始写历史。我已政教合一，请你找世袭传承。因为你主宰全天下一半的血源，我不再问世事！

你可以将这段文字用在某种类型的文案上吗？比如适合情人的远离尘嚣的度假别墅，让情侣享受一个只有彼此的蜜月……只要把自己丢进恋爱的氛围中，就会写得既甜蜜又易感。

我写的周生生集团点睛品文案，就是以一对久别重逢的情人第一次见面时的那种悸动情绪来写的。

我把我们不在一起的 365 天日子，买回来！

我们不是说好，
要到太麻里一起看千禧年的第一道曙光吗？
你却缺席了。
我们错过了一生只有一次，

2000 年送给我们第一道阳光的感动。

接着，我们错过了阳明山的鱼路和春天的杜鹃，

错过了夏天的鸡蛋雪花冰和北海岸的浪，

错过了玫瑰盛开、蜡烛点满幸福的情人节，

错过了秋天奥万大的枫叶，

还错过了你的笑容。

那天走在路上，

看到你戴上我第一次情人节时送给你的裸钻，

心里很激动。

你知道吗，

像我这种一辈子没进过珠宝店的男生，

第一次有多挣扎：

我不知道你确切身高、你的喜好、你的尺寸，

但我一直在店里找和你身形相似的服务员。

我挑了一条钻石项链请她戴上，

想象你戴上时钻石垂落的高度，

会不会正好对着我心跳的位置，

这样我们在拥抱的时候，

钻石就可以同时记住你的体温、我的心跳，

传达我们意在不言中的感动。

　　这段文字的灵感其实来自我逛珠宝店的经历，有一次我在一家珠宝店，看到有个男生在跟售货员说他不知道女朋友

的准确身高，但想买一条项链送她作为惊喜，于是就找了一个身高相仿的售货员，请她帮忙戴上试试看——这段画面让我印象很深刻，所以就选来作为文案的主题故事。

以这个画面作为文案开场后，我开始动用"回溯联想法"来想象，这个画面之前，他们的故事情节可能是什么，于是我转为"电影编剧"的身份开始为他们编爱情故事：这个男孩和女孩分手将近一年，后来女孩子找他复合。然后我再把"钻石项链"置入文案故事轴中，所以这篇文案的第二段是以男孩的角度来写的，与这个女孩分开后，他怎样过独身的生活。

我已经习惯一个人吃饭，
一个人走过我们曾一起走过的街道，
一个人自言自语，
一个人旅行，
一个人想你。

直到昨天，
你哭着打电话跟我说项链掉了，
我知道，我一个人生活的习惯又要改变。

我打开扑满，
我们分手后，

每天把该请你吃饭的钱、
准备带你去看日出的车钱、
看电影《泰坦尼克号》的钱、
想为你买生日礼物、
买情人节花束的钱、
为你准备去旅行的机票住宿钱……
都帮你先留在里面。

我用这些钱，
去买了一条爱情克拉不变，
长度也一模一样的钻石项链，
我想把我们不在一起的 365 天日子买回来，
包括那颗错过的日出在内。

我说，项链在我这儿呢，回来拿吧。

　　我在写这段文案时，其实是先看到整个故事在我面前上演。也就是说，如果要写一个有感情、有剧情的文案，应该要像看一部微电影一样，把所有看到的画面写出来，巧妙地把商品植入故事情节，看它扮演了什么关键性的角色。

　　作为一个文案创作者，我的很多灵感都来自生活中情感独特且有深度的体悟——其实我有比文案产出量多上千倍的灵感库，对我来说，写文案只是我创作文学的副产品。从现

在起，每天练习为你所爱的人、事、物写情书，记录所有文
艺电影剧情、书中的句子或是生活中目击到的现场情事，这
就是你非常饱满的文案灵感库。

课后
练习

▋ 如何写出打动人心的文案？

要爱上你所要写的主题、商品、空间或服务，从你喜欢的部分开始动笔，带着谈恋爱的心情享受写"文案情书"的过程，先感动自己，才可能感动别人。

▋ 练习题

用一个正在热恋的人的心情度过一天：恋爱着的人起床是一种什么状态？用谈恋爱的心情去刷牙、喝咖啡……练习为所爱的人、事、物写情书。

如何精进
写作武功

以五堂课教大家怎么站桩，灌入创意真气，很扎实地建立好优质的文案"写（血）统"之后，我们即将进入学程的第二阶段：如何精进写作武功？包括：如何构思文案的主视觉？如何找到灵魂与个性？如何确定标题或命名？如何建立全息感官的环境场？

如何构思
文案的主视觉

我们在第一堂课提到，如何建立多元、多维度的创意感官，当你在表述一个概念，别人的脑袋能同步出现相应的画面，这样的文字才有时空剧情、生命景深。接下来我们再把"文案即视"的武功更上一阶：如何先在脑袋里构思，然后"下载"栩栩如生的文案？

跟大家分享的案例，是我大学四年级应征诚品书店文案人员时，面试官要我写的一篇《诚品阅读》杂志形象文案。这篇应征文案得到面试官青睐后，我便成为诚品书店长达十多年的特约文案人员。也就是说，这是我文案创作史上非常重要的一篇，没有它，我就不会成为广告文案创作者了。

阅读者的群像[1]

海明威阅读海，
发现生命是一条要花一辈子才会上钩的鱼；
凡·高阅读麦田，发现艺术躲在太阳的背后乘凉；
弗洛伊德阅读梦，发现一条直达潜意识的秘密通道；
罗丹阅读人体，发现哥伦布没有发现的美丽海岸线；
加缪阅读卡夫卡，发现真理已经被讲完一半。

在书与非书之间，我们找寻各式各样的阅读者。

---

[1] 《阅读者的群像》收入《广告副作用：艺文篇》。

"海明威阅读海，发现生命是一条要花一辈子才会上钩的鱼"，为什么这段文字会作为文案开场的第一句话？我想说的是，诚品书店与其他书店在书的本质上没有任何区别，差异只在摆设空间的不一样而已，这个氛围引发同样在看这本书的人有很不一样的阅读体验。

如果我跟海明威同时在海边看老人很辛苦地钓鱼，我脑袋里想的是：他钓的是什么大鱼？这条鱼可能有几斤重？钓上来后红烧好吃还是清蒸好吃？……海明威在海边看到同样一幕，他想的是"老人需要钓上这条鱼才有食物可吃，大鱼也必须挣脱鱼钩才能活"，这两个生命都在为自己的生存奋力地拉扯搏斗——他把一般人的"晚餐选择"升华成"人与大自然的生命奋斗史"，这就是眼光深度之别。

所以，如果一个书店能呈现出有非凡景深的空间场景，那我们看到同一本书的思考维度也将有天壤之别。

这篇文案的第二句话是"凡·高阅读麦田，发现艺术躲在太阳的背后乘凉"，这句话要呈现的概念是：同样身处大自然，一位画家以感官画笔带我们走进很深的人生思考。凡·高看到麦田，看到风，看到麦秆摇晃的动能，看到太阳背后珍贵的艺术灵光……他可以看到一般人看不到的时空温度与颜色能量的流动，这就是他的画非常特别的原因之一，你站在画前，仿佛可以感觉到风，感受到太阳的热度，闻到麦田的香味。

我们在经过麦田或是稻田时，有没有办法去体验每一亩田背后强大的生命力，以及源源不绝的动能？

为什么这两句话中间都要用"阅读"这个词？简单来讲应该是海明威看海，凡·高看麦田，但是这篇形象文案是针对《诚品阅读》杂志而写，所以我用"阅读"来取代"看"这个动作，就瞬间为这篇文案注入了专属的动词，而且阅读海、阅读麦田，跟看海、看麦田就是不一样，看是很表面的，阅读可以是很深度的，用自己的生命看另外一个生命，就像以读一本书的方式读海、读麦田、读生命，这就是我用"阅读"来取代常见常用的动词"看"的原因。

也就是说，如何在此商品或服务、空间中找出这篇文案的专属动词是很重要的，就像一部小说、一本书、一家书店，它的动词可以用"阅读"两个字，但如果是一辆跑车或者一双球鞋，就可以用"跑"来作为速度传递的专属动词。

这篇文案的第三句是"弗洛伊德阅读梦，发现一条直达潜意识的秘密通道"。每个人都要睡觉，都会做梦，可是为什么弗洛伊德会把做梦这件事当作是可以深探全人类潜意识的秘密通道？他比一般人想得更深更广，而且有继续探索的好奇心，但一般人做梦很难想到这么多。

同样的事不同深度的人会看出不同的结果，一颗苹果在你面前掉下来，你可能不会联想到这跟地心引力有什么关系，而可能只会想到"这苹果熟了没？可不可以吃？"

也就是说，看一本书并不是最重要的事情，怎么看才是关键，所以我用这样的概念来写一家书店，意思是：书本身不是重点，什么人走进这家书店，用什么方式看书，才是最重要的。

继续剖析这篇文案的第四句"罗丹阅读人体，发现哥伦布没有发现的美丽海岸线"。这句话的灵感来源是我看过的一部电影《卡蜜儿·克劳岱尔》，罗丹为他的女学生（情人）卡蜜儿做背部塑像，即使他们俩已经认识了很久，他抚摸她背部的那种神情，仿佛是第一次碰女人的那种悸动与专注，只有这样做出的雕塑才能记住最原始的感动。

我想借着这个深情款款的画面来表达：罗丹在探索卡蜜儿的身体时，就像是哥伦布发现新大陆那样的兴奋，但他又比哥伦布多了"美"的震撼发现，所以我改用"美丽海岸线"来比喻卡蜜儿迷人的曲线。

如果我写的是"罗丹摸卡蜜儿的背，发现哥伦布没有发现的美丽海岸线"，那就不一样了，因为"阅读"跟"摸"又是不同的概念，"阅读"带着心、带着情感深度，而不只是一般肤浅的感官触摸而已。

第五句"加缪阅读卡夫卡，发现真理已经被讲完一半"。

加缪是哲学家，卡夫卡是小说家。一位哲学家阅读一位小说家的哲思和理论，发现原来真理已经被讲完了大半。但也因为知识的传承，让下一位哲学家能够站在前一位巨人的肩膀上，看到更远的世界。

也就是说，书的内容绝对不是拿来死记硬背的。有创意、有深度的作者在字里行间为我们开启了很多的窗口，为我们展开了截然不同的生活风景。当我们"阅读"时，就能够从平淡无奇的生活中看到新视野中的光芒。

这篇文案的最后，是诚品书店当时的 slogan（标语）："在书与非书之间，我们找寻各式各样的阅读者。"一看到这句话，我脑海中就浮现出这样的画面：一张披有纱帘的四柱床漂浮在海上，像是一艘船，有人斜躺在上面看书，就像在船上钓知识的鱼，外围有浩瀚无边的海景，陪伴他完成心里一层一层的扩充与蜕变。

我想用这幅画面来做文宣主视觉，可惜交付印刷的期限很赶，美工人员来不及做出这么复杂的画面，而且书店也没有额外预算能完成拍摄或后期制作，所以我就把脑中的画面用文字的形式写下来。

构思一篇文案主视觉的前提，是要建立有个性的动词，一旦动词用得对，就能画龙点睛般地让整篇文案活起来。

从今天开始，练习为自己想开的店，或是喜欢的店，写一篇很有视觉空间感的文案，如此每天锻炼第一式，就能够随手调度出鲜活的主视觉，轻松地写出灵动的好文案。

课后
练习

▍ 如何写出有视觉感的文案？

在商品、服务或空间中找出专属于这篇文案的动词。例如为一部小说、一本书、一家书店写文案，它的动词可以是"阅读"。如果要为一辆跑车或一双球鞋写文案，就可以用"跑"字作为传递速度的专属动词。

▍ 练习题

为自己想开的店或是喜欢的店，写一篇很有视觉空间感且拥有专属动词的文案，每天锻炼，久而久之，就能随手写出具备鲜活主视觉的好文案。

如何找到
灵魂与个性

这堂课想要谈谈如何帮某个空间、某种服务或是想写的商品，找到文案的灵魂与个性。只要你有办法发掘并以文字创生出它们的性格脾气，写出来的文句就很容易让读者产生共鸣与记忆。

我以一篇我为诚品忠诚店写的开幕文案为例。这家商场位于台北天母忠诚路上，我从四岁起就住在这儿，对忠诚路有特别深厚的情感。我还记得四岁时忠诚路上到处都是稻田，小时候还经历过踏着田间小径去上学的时光。现在不一样了，忠诚路从开头、中段到最末段，分别是天母SOGO、高岛屋、新光三越这三大百货公司，还有各大银行、名车店、名牌店密集在此。如果要约幼儿园的同学在当年一起玩耍的某一棵树下见面，恐怕我们根本找不到彼此的踪影。所以，这条路被命名为"忠诚"就很吊诡，因为它一点都不忠诚，没有一个能维持十年以上的地标或路标，可以让我回到过去，找到当初约定的地方。忠诚路一点都没办法忠诚，再加上这家商场要开在忠诚路，商场本身就是一个变化很快的空间，上周你看到的商品这周就再也看不到了，商场里的流行本身就是不忠诚的。更有趣的是，这家商场预计在秋天开幕，秋天又是四季中最"善变"、最"不忠诚"的季节，中午还如夏热，晚上却已似冬寒，你没有办法琢磨秋天的温度与脾气，所以在秋天的忠诚路上开一家商场，就可以玩"忠与不忠"的概念，"不忠"是指流行本来就没办法忠诚，因为流行不停地变化。

我想延伸出更深度的思考：我们到底要对什么忠诚？对什么不忠？而不忠到底有没有一个合理的理由？我以忠诚与不忠来写忠诚店文案，就写出了既矛盾又有趣的对应与拉扯。

▷ **案例一：诚品忠诚店试卖文案**

关于忠诚与不忠

气温是善变的，情绪是善变的。
女人是善变的，色彩是善变的。
食欲是善变的，口味是善变的。
爱情是善变的，关系是善变的。

流行一样不忠，秋一样善变。
对于善变的流行，一向忠心耿耿：
对情人忠诚。对流行忠诚。
对思想忠诚。对欲望忠诚。
天母流行街区中，
一个多种族消费的流行热潮正在蔓延。
所有关于服饰的、生活的、美食的、书本的、视听的，
过些日子，诚品天母忠诚店里你都可以找得到。

依续忠诚与不忠的概念，诚品忠诚店的秋季特卖也可以搭着这个主题：忠诚路上，秋是善变的——在秋天善变的商场里会是什么样貌？投射在消费者的身上会呈现出什么样的个性？我自己就是一个非常善变的人，但我也是诚品的消费者，所以我把自己善变的个性行为投放在这篇文案里，于是我不是在写一个商场的善变，而是在写一个人的善变，呼应秋天的善变、商场的变化多端，这篇文案变得有脾气，仿佛是一个有点难搞的人。这个文案其实是在描述我自己。

▷ **案例二：诚品忠诚店秋季特卖**

> **忠诚路上 · 秋是善变的**
> **点了面想改吃江浙菜。**
> **咖啡来了，其实想要的是冰橘茶。**

　　这两句话就是我的真实写照，经常刚点了面，看到隔壁桌叫的是排骨饭，我就问老板："我的面煮好了吗？如果还没有，我想换成排骨饭！"等我看到另一桌点了猪脚面，又跟老板说："如果你的排骨饭还没弄，我想换成猪脚面……"我点了咖啡，看到别人在喝冰橘茶，又突然想改成冰橘茶，如此变来变去，可怜同桌的人都没有点菜的机会，我会帮大家把各种菜色都点了，每一样都想尝一点，这就是我善变的个性，而这篇以秋天善变为主题的文案写起来自然特别得心应手。建议大家每次写文案，先找到一个自己写起来很过瘾、客户看起来也很新奇的点，找到那个刺到你自己也刺到别人的点，就能够打通任督二脉，畅快淋漓地去表达。

> **裙长为了流行老是朝令夕改。**

以前看过一则新闻：裙子的长度与经济是否景气有奇怪的对应关系，经济景气的时候流行的是迷你裙；经济不景气的时候，女人穿的裙子就变长了，所以裙子的长度不只是为了流行而朝令夕改，有时候还会因为经济是否景气而有所变化。平常走在路上时注意观察周边事物，就会知道现在到底在流行什么，有时候自己的观察甚至比大数据更能一叶知秋。

> **心情变了，连手纹都转向。**
> **头发长长短短见异思迁。**
> **万圣节隔着面具可以六亲不认。**

有时候某个人心情突然变得很好，非常积极正面；有时候却非常沮丧，变得很悲观厌世。所以心情变了，很多事情也会跟着转向。心情好时，留了长发就觉得自己特别妩媚；心情不好，可能就负气剪个短发。每个人发型、发色的变化，也代表不同的角色形象。节庆时，戴上面具就换了一张脸，换掉原来的个性，解放出那个被压抑的自己。关于面具的电影非常多，比如库布里克的《大开眼戒》，用面具呈现人的各个方面。面具有很多的形象，代表着不同面貌的自己，这就是为什么在善变的概念中可以放进面具的元素的原因。

> 军大衣今年改为女性授阶。
> GUESS[1] 决定不和旧习惯妥协。
> 鸟走失了，改养一只 Teddy Bear[2]。
> Esprit[3] 说下件衣服会更好。

那一年流行女性军大衣，让女性有一种很帅气的感觉。

> 天母忠诚路上 · 秋善变 · 人心思变。
> 诚品忠诚店，全馆秋品随机应变，
> 秋意新鲜特卖中。

这些都是围绕善变的主题来写的。写文案很好玩，像是导演一部电影，随着想象力铺垫一幕幕的画面。

诚品忠诚店里有书店、名牌精品、服装、美食……到装修快完成时，需要为各楼层命名，我也顺势用同样的风格帮每一个楼层写了定位文案。

---

[1] 盖尔斯，美国服饰品牌。

[2] 泰迪熊，美国同名电影中的玩具熊。

[3] 埃斯普利特，思捷环球控股有限公司旗下的时尚品牌。

▷ **案例三：诚品忠诚店各楼层定位文案**

> **知识效忠馆**
>
> 衣服是身体的文化，你手上的书，是脑袋的文化。
> 魅力来自知识的首度引用权，
> 在书店找最新的流行情报，
> 是这个时代"书妆打扮"的绝对手段。

"书妆打扮"用的不是惯常用的"梳"，而是书本的"书"，意思是我们用书来为自己打扮外貌，美化自己的内在心灵。

> **精品效忠馆**
>
> 在一座不常跟自己沟通的城市里，
> 春夏秋冬穿同一个设计师的衣服，
> 是一种最快自我认同的方式。
> 收集和衣服同一品牌的耳环、项链、
> 化妆品、皮带、鞋子……
> 是对所爱的设计师品位，全面而绝对的忠诚。
> 然后到咖啡厅的落地橱窗旁喝下午茶，
> 同时在栾树道上展示你的新衣装。

这一层卖时尚商品，我把它定位成精品效忠馆。其实这段文案的意思是：我们很善变，但有时候又很固执，很坚持某一种品位，到后来年纪越来越大，就没办法再换设计师了，因为已经习惯了某一个品牌，不敢再冒风险。这也是呈现从"不忠"到"忠"的一种年龄性格的变化。

名牌效忠馆

名牌贵在独特，贵在惊艳，
贵在价值，而不是价钱。
你对秋天的浪漫期望值，
可以在一件枫红色的风衣上得到满足。
想要在会议桌前展现权力，
你不能忘记一件最具群众魅力的克什米尔高衩长裙。

在写每一个楼层时，我不仅要清楚每一层主要卖的品类是什么，怎样让它紧扣"忠诚"这个文案主题，呈现出独特的精神，而且还要注意不要偏离整个主题的轴心。

忠诚店有一个楼层专卖名牌，我把这层定义成"名牌效忠馆"，并把自己当成消费者，想象自己怎么进入这层空间，会坚持找某一品牌的物件究竟是为了什么？什么是我好不容易形成且难以改变的习惯？哪些是个性化的决定？买了衣服或配饰后，接着会做什么？我可能会在旁边的咖啡厅喝下午茶，向好友展示新衣服，或是回到办公室展现自己的新魅力……这些画面就像看微电影一样，边看边写。还有一层是美食区，我把它定义为"美馔效忠馆"。当一条美食街在诚品商场里，与在一般的百货公司中相比，会呈现不一样的风格气质，因为诚品是一个以书店为核心的商场，所以它的美食区应该要带一点书卷气。我在写这一段文案的时候，找了很多服装设计师的传记故事，看看他们喜欢吃什么，用他们对美食的偏执，来暗示大家来这里可以吃到档次高的美食。

美馔效忠馆

凯文·克莱出现在比弗利山坎农路上，

不是为了女人，

而是一盘螃蟹色拉。

圣罗兰只要一想起俄式夹山煎饼的味道，

几分钟之内，

人就在玛德达大道上，大快朵颐。

设计师坚持某种独特的风味，

就像你会在某个品牌专柜待上半天，乐此不疲。

这里所有会上瘾的美食，

都是让你出现在忠诚路上的各色理由。

　　如果你要写一个商品、空间或是某种服务，就要想出它独特非凡的灵魂与个性，精确地将它提炼出来，所有文案围绕着这个核心，专注地表达出这个主张，但要注意，这个核心必须有深度且记忆点深刻，甚至能跨越时间和空间，这样就能快速地说服客户，也能启发消费者去思考另一个有创意的方向。

课后
练习

▌ 如何写出容易引起共鸣与记忆点的文案？

1. 每次写文案时，先去找一个自己写起来很过瘾，客户看起来也很新奇的角度，只要找到那个点，就能够打通任督二脉。

2. 写文案就像导演一部电影，要随着想象力铺陈一幕幕画面，边看边写。

3. 观察一个商品、空间或服务，找出其独特而非凡的个性，然后精确地将这个特质提炼出来，接下来所有的文案都要围绕这个核心来创作。

▌ 练习题

如果你要为某家百货公司一个专卖名牌的楼层写文案，可以想象一下，不同性别、年龄、身份、职业的消费者，走进这层空间，坚持要寻找某一品牌的原因是什么，将自己想象成这些消费者，练习多版本、多维度的文案写作。

如何确定标题或命名

广告文案这个工作如今正在转型，从广义来看，广告文案创作实际上应该是所有人必备的能力，因为在网络上每个人都是表达者，都是写手。人们在信息太多的时候没办法看篇幅较长的文字，只能看很短的内容，甚至只想看一眼标题再决定要不要往下看，所以网络媒体的写作继承了文案短而精练的特性，必须以短兵相接的几个字或是一张风格强烈的画面来吸引眼球，进而形成卖点。

标题是整篇文案的灵魂，在信息爆炸的时代更显重要。标题成功就能轻松吸引大家的注意与好感，整篇文案就赢了百分之九十。如果一本好书、一部好电影、一个好商品、一家好店面、一个美女……没有一个吸引人的名字，那就等于是把钻石埋在土里，暴殄天物。所以，我每写完一篇文案，通常会构思两到三个完全不同的标题，来问身边人的意见后再斟酌决定。

我以一个网络上流传的故事为例，来说明标题、命名有多重要。有一天，一间平常观众不多的电影院门口挂了一个牌子，"今天播映《一个女人与七个男人的故事》"，吸引了很多人进去，结果大家看到的电影是《白雪公主》；第二天电影院门口又挂了一个牌子，"今天播映《非白雪公主之一个女人与七个男人的故事》"，结果大家进去后看到的电影是《八仙过海》，可见仅仅片名就在某种程度上决定了票房。

网络上还有另一个例子。有一个盲人乞讨者在路边放了块牌子，上面写着"我瞎了，请帮助我"，几小时内仅得到少许硬币。后来有一个人帮他把牌子上的字改成"今天的天空一定很美，可惜我看不到"，于是碗内叮叮当当很快就装满了零钱。同样的内容只是因为标题不同，大家被吸引或是被感动的程度就不同，可见标题、命名对于市场销售成败也有着非常关键的影响。

接下来我跟大家分享几个构思标题的小方法。

方法一：收集电影中好的金句，作为标题的参考

平时我会收集好的电影金句，作为临时想文案标题的参考。

> 讲个笑话，你可别哭。
>
> ——《驴得水》

光听这八个字就很有感觉，或许这个笑话是带着心酸、带着泪的，但现在可以笑着说过去让人哭的事，所以这八个字会让我对这部尚未看过的电影有个想象，这可能是一部很深刻的讲人生的故事。

> 每个人只能陪你走一段路。
>
> ——《山河故人》

听到这句话，就会开始回想过去有哪些人只陪自己走了一小段路，所以，好的文案会让看的人想到自己的经历。

爱对了是爱情，爱错了是青春。

——《左耳》

这句话大家看了也会有共鸣，自然而然地会想起自己过去有哪些人是爱对了，哪些人是爱错了。

自由的灵魂没有名字，再怎么贫穷都会穿着美丽的纱丽，回到你想回去的地方。

——《巴哈旺大饭店》

这个句型也可以被改编成服装品牌的文案，例如："自由灵魂的名字是香奈儿，当你不开心的时候，随时可以穿着美丽，回到你想回去的地方。"

我只看到你的可能性，无法看到你的未来。

——《奇异博士》

这两句话很适合作为跑车的广告，表达的是：跑车的速度给了你更多可能性，但要走哪个方向，方向盘要由你来决定。

> 地毯就像是我们的人生，我们钻来钻去也织成
> 了人生。
>
> ——《维多利亚与阿卜杜勒》

这部电影讲的是一个印度侍卫与英国女王之间的情谊，在他们看到编织地毯的过程时，侍卫对女王说了这句话，隐喻着我们也正在用生命编织人生的地毯。

> 有些事现在不做，以后就永远不会做了。
>
> ——《练习曲》

这句话打动了很多犯"梦想拖延症"的人，让他们瞬间顿悟并起身行动，这就是一句很成功的文案。

看到电影里出现的佳句，你可以随手把它写下来，因为每个句子都代表着这部电影为你开的一扇新窗口、新的诠释人生的方法，让我们用很有深度的方式体验多版本的人生。

我以自己写的几个以电影为灵感的文案作品来示范。

▷ **案例一：娄烨的《苏州河》电影文案**

> **等一个爱人，要花多少时间**
> **我们总在很不小心的时候，**

> 掉了很重要的情人，
>
> 之后得花好几十年的思念找她，
>
> 然后一起死或一起老。
>
> 这是发生在上海苏州河的爱情故事。
>
> 情节路径复杂，
>
> 借着一个在记忆中走失很久的美人鱼，
>
> 在上海的街弄河畔，
>
> 谈机遇、命运、忠贞、永恒、
>
> 生死与相不相信的问题。

这就是我看完电影《苏州河》之后提炼出的句子，也希望大家在还没有看电影的情况下，听了这几个有感觉的句子后会想去看这部电影。

▷ 案例二：诚品书店 7 周年庆《抛开书本到街上去》[1]

一个品牌或是一个企业存在时间超过一年就会举办周年庆，就像是过一年一度的生日，所以周年庆是很重要的。诚品书店 7 周年庆时，他们想要办一个盛大的封街庆生活动，打算邀请许多文艺团体以音乐、舞蹈、戏剧等文化活动占领诚品敦南店旁的安和路。当时，影展上有部日本导演寺山修

---

[1] 灵感源于日本电影《抛掉书本上街去》。

司的《抛掉书本上街去》，它的海报是一张写满书法的床单铺在马路上，寻欢的人躺在上面尽情享乐。这个电影名字很吸引我，所以我决定用它来作为整个活动的主题，也刚好符合封街的意象。而我在写文案时也"预视"到他们封街之后庆祝的画面：整条街两侧房子的阳台上挂的都是有字的床单或衣服，整个街道都写满了各式各样的诗词、散文、小说片段，就像是所有的文字都从书店里面跑出来了，占领了整个街道——"抛开书本到街上去"并不代表不要看书，而是呼吁大家把书放下，走到街上来狂欢、来体验艺术，因为世界就是我们的生活，街就是一本一本交错放大版的书，树是城市的行距，街道的名字就是字里行间，橱窗是《资本论》，公园是胡塞尔的《现象学》，红绿灯决定了车的概率学，广场是无字的城市历史，行人是被时间更换的男女主角，玻璃帷幕是一格格权力的竞技场。

这个活动名对于一个书店来说就别具启发意义，这才是诚品书店 7 周年的规模：

> **抛开书本到街上去**
>
> **抛开阿莫多瓦的高跟鞋到街上去。**

阿莫多瓦是西班牙非常有风格的电影导演，《情迷高跟鞋》是他的电影作品。抛开阿莫多瓦的高跟鞋到街上去，也意味着你应该脱下高跟鞋，抛开你的束缚，赤脚走回街上体验生活。

> **抛开村上春树的弹珠游戏到街上去。**

这句话出自村上春树的一本书，而这句话的双关语就是：放下你手上的手机或是电脑游戏，到街上去享受生活。

> **抛开徐四金的低音大提琴到街上去。**

《低音提琴》是徐四金的小说，也意味着放掉你现在听的音乐，走到街上去听街道的声音，不管是树的声音还是行人的声音，不要只把自己关在音乐里。

> **抛开彼得·威尔的山居岁月到街上去。**

意味着你也可以离开隐居的生活，到街上去与人交流。

我选这四句话是要刻意带进文化元素，比如阿莫多瓦、村上春树、徐四金、彼得·威尔，他们是作家或电影导演，用他们的作品来呼吁你离开现有的生活，到街上去走进没有边界、全然未知的生活大书。

街是开放的、没有边界的书，
太阳底下永远都有新鲜事。
请你暂时抛开书本到街上来，
看舞、看人、看街、看音乐。

诚品书店敦南店新开幕，
有一连串节庆在这里发生，
3 月 29 日、30 日，
音乐、文化、安和路全民活动，
热闹的城市，不甘寂寞的夜，
当天周六夜晚的红砖道上，
将举行 70 分贝内的抒情舞会，
像是一场马路罗曼史，
提供一个公众空间，
专留你的私人感情。
日以继夜，逢场作乐。
你，准备好手舞足蹈了吗？

"抛开书本到街上去"这个活动非常成功，吸引了成千上万的人来参与，那条街在那一天变成了一本很精彩的书。

▷ 案例三：杯子店的《杯情城市》

我引用电影名作为文案标题的例子还有一个。当时我要写一个杯子店的文案，于是我马上想到的标题就是《杯情城市》，将侯孝贤的《悲情城市》的"悲"换成杯子的"杯"，意指有杯子的地方就有感情。在写了"杯情城市"这四个字的标题之后，我继续为它写了一段定位标语：杯子建筑水的形式，水改善人的关系。当杯子是圆形时，水就是圆的，杯子是三角形时，水就是三角形的，这就是"杯子建筑水的形式"。但是杯子里装什么液体，就代表你跟对方的关系，比如你跟对方喝酒、喝咖啡、喝茶、喝果汁、喝水，代表的交情深浅就完全不同。

方法二：改金句中的一两个字，变成易记的新标语

记得在北京大学新闻传播学院教文案课的时候，我给学生们留了个作业：为企业写一句强而有力的定位标语。当时有个学生写了搜索引擎百度的标语"知之为知之，不知百度之"，虽然有十个字之长，但精准到所有人一听就都记住了。我自己也曾想过新浪读书频道的定位标语，"学如新浪行舟，不进则退"，也是十个字，一听一看就记住了这个频道的特点。我还写过中兴百货母亲节特卖的文案，标题是"江山易改，母性难移"，大家通过这八个字，也就能瞬间抓到母爱的永恒伟大。

我们从上述例子中可以找到写标题的技巧，就是从文案创作者的身份来看那些习以为常的诗词、成语、格言、励

志语或是电影金句，看看是否只要改动其中一两个字，就能把意义转变成非常独特的氛围或是味道，甚至呈现出双关语或双重意义。 例如，我曾经写过的《台北一游未尽》《诚品9 周年庆文案：9 逢知己》《诚品服装书展：书妆打扮》；或是别人写的《礼尚网来／礼上网来》[1]《真琴流露》《琴逢笛手》[2]《你不理财，财不理你》[3]《享瘦美食，我行我宿》[4]；或是公益类的文案金句"弃儿不舍·没你救不行"[5]"祝你好孕"[6]；或是年节里的生肖吉祥用语"牛转乾坤""十犬十美""花开结狗""羊羊得意"。

你还可以再想一些更新、更好玩、更有创意的，不一定老是用这几句。

如何用几个字就很精准地表达品牌或者商品特色是很重要的，我建议大家看木心的诗。 如果要你用四个字来形容流浪者，你会用哪四个字？木心说："流浪者，视归如死。"习于在外流浪的人，把回家当成是要他命似的，因为他只想一直流浪。 我们平常听到的"视死如归"，经他一倒装，就把

---

[1]　礼品网络平台。

[2]　钢琴与长笛联合音乐演奏会。

[3]　银行理财广告。

[4]　给自由背包客的民宿，代表走到哪里就住到哪里。

[5]　弃儿救援基金会的宣传语。

[6]　博爱座让座广告。

流浪者的魂与不安于室的那种顽固表达得入木三分了。

方法三：为电影、书重新命名、写标语

除此之外，我平常会观察并收集有趣的电影名、电影简介、电影预告片，研究它们以哪几句剧情简介、哪几张剧照或是哪几段电影预告片画面，吸引我想去看这部电影。例如电影《当蝙蝠飞完时》，一听到这个片名我脑海中瞬间产生画面，感觉好像还有什么没说完，所以就继续往下看，想探究什么是当蝙蝠飞完时，在什么情况下蝙蝠会飞完。

一个很有意思的电影名字，本身就是一个吸引人的开头。我还会练习如何就几句简介或一张剧照海报自动演生出影像，之后再去看电影，找出这部影片的关键画面或重要转折点，从中提炼出整部电影的主题，为电影重新命名，写下新的标语，以及延伸的两三句文案或短影评，让大家一看到这些就想来看这部电影。

你也可以花几天时间整理让自己有感觉的电影，无论是电影的名字还是对白，随手记录进你的文案灵感库。这样的练习越多越好，慢慢地你就可以快速提炼出最核心的标题，逐渐拥有瞬间为电影换名改运的能力。

同理，我在逛书店或浏览网页时，也会观察自己被哪些字句吸引，然后试着进一步把内容看完，看自己能不能提炼出更具吸引力、更精准的标题，让大家看到这两三句话就会

想买这本书或看这篇文章；在美术馆看画时，我也会试着先
为画作命名，然后再去看这幅画原本的名字，借此锻炼自己
的命名功力。 这就是在生活中随时随地训练写标题的方法。

课后
练习

▌ 吸引眼球的标题构思训练法

1. 收集电影中的金句，寻找可参考的标题句型。
2. 尝试修改金句中的一两个字，将之变为朗朗上口的新标语。
3. 为电影或书籍重新命名，撰写标语。

▌ 练习题

在逛书店或浏览网页时，观察自己会被哪些字句吸引，能否提炼出更具吸引力、更精准的标题，让大家更想要购买或阅读。在美术馆里看画时，先不要看画名，而是自己为之命名，之后再查看画作原名，借此锻炼命名的功力。

如何建立全息感官
的环境场

当我们充分练习如何培养自己写出有风格、有画面感的文字之后，接下来要做的是：如何建立全息感官的环境场。因为文案或其他创作，就是把脑中的想象世界通过图文接口栩栩如生地传输给消费者或读者，就像《盗梦空间》里那位造梦师，把你创造的鲜活空间嫁接到对方的脑平台上，让别人可以体验你脑海里的 3D 空间。你脑海里有什么样的空间，可以用文字巨细靡遗地描述出来。下面我以"实体空间""电影""电玩"等相关题材的案例来做示范。

▷ 案例一：把书店平移到大学

我以之前为诚品台大店写的一篇文案，来做"如何建立全息感官的环境场"概念的铺垫。诚品台大店开在知名的台湾大学正对面，意味着它可以扮演"补足"学校之不足的角色，它可以承载学校所没有的功能。那什么是学校所没有的功能呢？通常我们在一所大学里念书的时候，所有科系成立可能都已超过十年，甚至几十年，比方说数学系、经济系、政治系或者法律系等，都是行之有年的科系，但时代已经完全不同了，因为政治、经济、科技多变，让我们对知识有了新的分类方式。麦肯锡的一份调查报告指出，2030 年全球大概有 4 亿—8 亿个工作岗位会被人工智能等取代而消失，但也将会随之产生近 9 亿个新的工作岗位。这代表将有越来越多旧的科系不再适用于新的时代，现在就已经有许多新的科系出现，例如电竞系、AI 系。将来也许我们每个人都要学会程序语言编写、3D 打印技术、人工智能的基础理论等，所以学校附近的文创区域或书店，它的作用应该是：还有什么科系是学校来不及成立的，在书店里可以实时形成新的类别。

所以我写诚品台大店的文案时就在想，如果它是所谓的台大分校，它应该成立哪些现在大学里未成立的科系？它就像一个新的知识分类，也意味着新的趋势预言。

你可以狂想一下，如果现在有一所大学针对目前的时代趋势，要成立至少十个新的科系，应该要设立哪些类别？这样的思考有助于将来能够接轨甚至是创生出新的知识体系，比如人生量子学系、情绪管理学系、人机共构学系、心电感应超感官学系、宠物沟通学系……如果你的脑袋处在高度创新状态，应该每天会有好几个新的科系从脑袋里蹦出来，这些科系是大学里目前没有的，是你自己创新而来的求知体系与类别，针对你的天赋兴趣，也针对未来的需要而诞生。你可以将这份学校科系清单作为自己进修的依据，重新定义未来新的知识体系。

也就是说，如果你可以把一个开在学校对面的书店想得这么深广的话，那么这篇文案的格局就可以写得非常大。诚品台大店文案其实就是一篇诚品台大分校的创立宣言，我直接把想象中的科系写进了文案里：

> ### 诚品台大分校，创立宣言
>
> **人造气候学系。 民众音乐社会学系。 原子咖啡学系。
> 挪威森林学系。 声音记忆学系。 城乡互玩学系。
> 互联网学系。 文化劳工学系。 神话真理学系。
> 事件剧场学系。 耳语感染学系。 票房生存学系。
> 时间预言学系。 虚拟经验学系。 儿童福利学系。
> 文化家具学系。 放射性情绪学系。 颜色心理学系。
> 野兽派官能学系。 欲望学系。 美感殖民学系。
> 食物政治学系。 回忆统计学系。 世纪末权力学系。
> 文字能量学系。 英雄橱窗学系。 蒙太奇运动学系。
> 文化裁缝学系。 身体气象学系。**

　　这些诗意的科系名字象征着不同的知识体系，这些体系有"混血"的概念，代表着冲突的趣味。比如，艺术加上科技，理性加上感性，把它们混在一起会变成什么？然后自己再去创造一些新的科系。再比如，声音记忆学系，你可能要研究的是声音、音乐，还有与大脑记忆相关的东西。所有的科技应该都是跨类别、跨界，而且是从来没有过的混血新品种，未来的时代也是如此，我们应该把自己喜欢的类别，加上未来社会需要的方向，看看会变成什么？或是把我们喜欢的项目加上艺术会变成什么？只要想象力不被限制住，继续做很多跨界的实验，就会生出不同的新类别、新工作、新可能性，将来在做自我训练或者为未来知识体系分类时，你将会拥有很独特的观点。

在文案的最后我写道：

1996 年 6 月 15 日，
新生南路上全面解除学术派系疆界，
生活软件上市，智能流通市场重整，
诚品台大分校，欢迎你成为荣誉创始校友，
同步承认你的智慧学位！

如果将来你会接关于文创类的商品、课程或服务的文案，你也可以用"学校"的概念来构思这篇文案，用全新的科系类别，或是知识的新混种概念来写，但这个文案不是瞬间就可以写出来的，需要平日的积累。

▷ 案例二：把图书馆平移到书本

要做一个不被时代淘汰的文案创作者，绝对不是学几个技巧就行的，必须有很深厚且快、狠、准的文字描述能力。这种能力一部分可以用来写文案，一部分可以用来从事其他创作，而且还可以延伸出各种各样的图文影音形式，就看你的兴趣版图是怎样的，如果你在网络上写文章，或者出版书籍，都需要这样的能力。我接广东汕头大学图书馆文案的时候，这栋建筑还没有盖成，当时诚品书店建筑师陈瑞宪拿着设计图，请我帮他把图的概念转化成文字，他才好跟客户提案。他给我的一个重要概念就是：整个建筑从高空俯瞰就像是一本摊开来的线装书。设计图本来是平面的，但经过他的描述，在我的脑海里逐渐形成了一套栩栩如生的 3D 影像。我再将这些影像压缩成 2D 文字，希望客户通过文字能够瞬间还原出建筑的立体形象。这个解压、还原、再压缩的过程就是我平时练就的功力。

这篇文案很自然地用线装书的概念来呈现了图书馆的精神。

向天展页的中国新文明·广东汕头大学图书馆
线装书是中国书籍装帧形式发展最重要的一个阶段，
藏书家们视收藏经典线装书为惊奇的志趣。
线装书以手工将一页页的平面知识串起，
以线缝合成了一件智慧的立方构体，
线装书因此成了中国古文明经典的象征之一。

整个图书馆是以线装书的概念来呈现的，所以我从线装书开始破题，用一页一页的知识串起来，变成一个立体建筑。

于是在中国南方的汕头大学图书馆，
我们直接取线装书的意象，
作为俯瞰此案的建筑盒体，

象征这是一本自南方大地生起，

浮在水面半空中，

巨幅向天展页的中国新文明宣示。

源自东方精神的巨型线装书盒体，

其收藏全世界知识的野心，

不亚于埃及亚历山大图书馆

收集所有被历史保存下来的先人智慧，

后代的求知若渴者，

进入这个巨幅的知识理路，

采集并交融出新的体悟。

新生的能量，

再度由这个线装书盒流向大地四方，

盒体盒外，百花齐放，众声喧哗。

这个建筑就像是一本打开的巨型线装书，里面所有的知识立在花草大地上，人在其中穿梭就像穿针引线一样。

整个线装书的建筑盒体，

采用多层次的细部安排，

透过天窗与天桥，

引入光与影、云与水的自然穿透效果，

回旋梯与三层高的书墙，

> 阅读者的动线，
> 成了穿梭在这巨型线装书的视线轨迹，
> 亦是一个可被窥见的知识神经网络系统。

　　走在图书馆里的人，是动线也是视线，如此比喻就把这个图书馆的空间写活了。

> 有趣的阅读与藏书巨盒体，
> 让书与阅读者、古人与新人、
> 人与科技、科技与空间、建筑与自然之间，
> 交流成了新接口的天人合一，
> 宛若一首意境超然的"田园诗"氛围，
> 亦是一个片刻即永恒的大度空间。
>
> 田园诗，
> 是中国智慧文明史中最具禅意的表现，
> 真正体现天人合一：
> 人与自然和谐的、超然的、合一的生命史观，
> 也是东方足以向西方支配性、分类化的知识系谱，
> 对应与对话的哲学平台。
> 而这个已达"田园诗"至极意向的东方图书馆，
> 置于汕头大学校园门口的绿轴带起点，
> 更具意义。

图书馆的文案必须有文学诗意的基调，否则它就无法与图书馆的气质相合。所以接下来我用了三段话形容它的内部空间，在此之前，我必须在还没看到这座图书馆的情况下，先在脑袋里用想象力把它建好，然后描述出来。其中有一个空间叫云星阁，就是有巨幅书墙的大厅，我将它命名为"知识的天人接口"，因为它有天窗，所以可以在天窗与图书之间有一个很好的对映。

这是书的百库接口，
知识的多层理路，
阅读者穿梭在三个楼层之间，
仿佛是在书与书之间的穿针引线，
裁缝出属于自己的知识版本。

从图书馆各个角落都可以望见这个巨幅：
鲜活的知识采集者群像，
亦是一幅动人的知识迁徙图。

白天的晨光、夜晚的星月，
日以继夜地为知识点亮恒久不灭的光明，
指引着明日世界。

这是书的百库接口，
知识的多层理路，
阅读者穿梭在三个楼层之间，

> 仿佛是在书与书之间的穿针引线，
> 裁缝出属于自己的知识版本。
>
> 来自上方的光与云，来自四方的风与水，
> 让知识、自然、读者
> 形成了一个循环生生不息的智慧对流层，
> 亦让王维"行到水穷处，
> 坐看云起时"的生命哲学在此体现。

　　我用一种非常诗意的方式，将这个空间描述出来。另外，它的阶梯自习室从上往下，面对一大片落地窗，可以看到户外的全面景色——当建筑师跟我描述时，我脑中第一个跑出来的画面就是"知识的梯田"，每个人都埋首于字里行间：

> 可以容纳 400 人同时在此，
> 宛如一个知识的梯田，
> 所有的好学者在此俯首耕耘。
> 在埋首探索知识的片刻，
> 面向虚拟竹林柱间不动的远山与多变的浮云，
> 超然的视野，
> 让阅读者得以当下了悟书本背后，
> 智者在面对大自然、面对生命
> 那种无法言传的感动与顿悟。

> 各时空的智慧，
> 于此瞬间呼应与传递，
> 借着春耕、夏耘、秋收、冬藏的四季运行，
> 每位展书者在此获得生息、慰藉、了悟，
> 以及智者与大自然原生的浑厚力量。
>
> 这就是"知识的梯田"所欲形成的：
> 一个得以让稻苗长成稻穗，
> 知识蜕变成智慧的空间，
> 亦是"采菊东篱下，
> 悠然见南山"的哲学意象在此体现。

还有个阅读长廊，两边有书，我就想象它是一个廊谷的概念，于是把这一区命名成"知识的廊谷"——所以当我们在形容空间的时候，可以用大自然的方式来描述自己所看到的人工环境，这样会写得更生动。

> 整排天窗借光，
> 两岸有书，
> 岸间形成了众人阅读的廊谷。
>
> 走到终点，
> 就是一个回旋向上的知识阶梯，
> 亦可视为企图接近天、接近真理的天梯。

因为这个空间尽头有一个回旋梯直接上楼，所以我就用"天梯"来形容。

建筑意境在此，
每个人从各个角度，
都能看到不同的启示与感动，
众人在此各自形成了新的生命哲学。

陶渊明的"晨兴理荒秽，
带月荷锄归。道狭草木长，
夕露沾我衣。衣沾不足惜，
但使愿无违"就是在这知识廊谷里，
就在日以继夜的耕耘与收获中完成了。

多读、多积累诗词、春联、对联的词句非常有必要。

平常你可以去找一个喜欢的空间，进去仔细走一圈，以非常精确而且很有诗意的方式把它描述出来。此外，我也建议大家尽可能多地去旅行，带着文案创作者的身份去看世界顶级建筑师的作品，并思考如何描述光影在建筑里外的变化？光线照到水面上会呈现什么样的光影？如何描述风、绿叶、雨水、落雪，让这个建筑变得不一样——有一次我去西班牙塞维亚米罗美术馆，看到光影透过水面，折射到建筑大理石外墙，有纹路的光影映到米罗的雕刻上……这就是我借旅行练习描写空间的方法。

▷ **案例三：用文字来预建空间**

在虚拟现实、扩充实境的时代，以想象力建立虚拟空间的能力非常关键，你可以练习将书本上的 2D 文字还原成 3D 空间，或加上时间组成 4D 时空，甚至加上气味，增加自己建构虚拟空间的能力——多做这样的练习：当你去一个很美的空间，比如书店、图书馆、咖啡厅、商场、酒店、度假中心、旅游景点、美术馆、博物馆……从进去到出来，每个地方你都要一边看一边仔细观察，等走完一圈之后，在一分钟到两分钟之内，把刚刚所看到的东西画出来，如果要你在电脑上画出 3D 模型你会怎么画？能不能栩栩如生地在脑海里复制出来，之后再用非常精确的文字写下来？通常我们在写一个案子时，去客户的空间观看的机会也不过就一两次，但是又要在最短的时间内把所有重点、细节还有独特处抓进文案里，还要字里藏钩地钩出别人的兴趣点，这就非常具有挑战性。

我推荐《看不见的城市》这本书，卡尔维诺通过精细的文字将他脑中的整座城市描述了出来。在以这本书做练习之前，请先闭上眼睛，在脑海里回想一下：你家的客厅是什么样子的？如果你可以"看见"客厅，那你的内在视觉就还算不错。接下来更进一步：不管你有没有去过威尼斯，威尼斯在你脑中是什么样的？可以找一个朋友帮你念以下文字，或是自己录下你所念的声音，隔几小时或隔天再闭眼边听边练习，看看能不能在脑海里同步建构出这个城市的轮廓、一幕幕场景、每一处细节？

在《看不见的城市》中，卡尔维诺以威尼斯为蓝本，描述了一个叫佐拉的城市：

> 佐拉在六条河流和三座山之外耸起，这是任何人见过都忘不了的城市，可是这并非像一些难忘的城市那样，在你脑海里留下什么不寻常的影像。佐拉特别的地方是一点一点留在你记忆里，它相连的街道，街道两旁的房屋，房屋上的门和窗，这些东西不怎么特别漂亮或罕见，它的秘密在于如何使你的目光追随着一幅一幅的图案，就像读一首曲谱，任何一个音符都不许遗漏，或是改变位置。熟悉佐拉的结构，晚上睡不着觉，可以想象自己在街上走，依次辨认出理发店条子纹路的檐棚，之后就是铜钟，接下来是九股喷泉的水池，天文馆的玻璃塔楼，卖瓜子的摊子，勇士和狮子的石像，土耳其浴室，转角的咖啡店，还有通往海湾的小径，这让人无法忘怀。这个城市就像一套盔甲，像一个蜂巢，有很多小窝，可以储存我们每一个人想记住的东西，无论是名人的姓名、美德、数字、植物、矿物的分类、战役的日期、星座和言论，在每个意念和每个转折

点之间都可以找到相似或者是对比，直接帮助我们记忆。

当你在看或是听到这段文字时，脑中是不是能跑出物件、颜色、空间？如果能，表示你已经拥有了把文字转换成 3D 空间甚至是 4D 场域的能力。

再举一个实例，如果要写一个商场的空间，如何用文字把那个空间写得更广大、更有深度、更好玩一些？也就是用大格局的方式来写一个商场，让大家在进去的时候有一种在里面玩不完的感觉？建议大家可以去一些游乐园，比如迪士尼、环球影城、哈利·波特游乐园、小王子游乐园区……用全部感官去体验几个刺激的、好玩的、会引发你情绪的点，然后虚拟建构一个大家都没有去过的地方，用图文、声音、影像向大家导览你的造梦空间，无论它是个还没盖好的商场、建筑，还是个有主题的好玩空间，你自己先用想象的感官玩得非常开心，大家才有兴趣跟你一起体验这个游戏版图。

推荐大家看《空间地图》，这本书与《感官地图》都是文案人必看的。《空间地图》里提到关于空间的各式各样的描述以及想象，非常有趣且专业，特别是从实体空间讲到虚拟空间，书中有一段内容非常有意思。1884 年英国人艾伯特写了一篇文章《平坦正方形的多维空间传奇》，文中有一段很好玩的描述，他形容一个三维空间的正方体，很想去见识所谓的高层次空间：

> 带我到那幸福的地方，让我在陶醉之夜，能够看到立方体之外的层次运动，创造比自身更完美的完美。一旦到那儿，我们还会继续往更高处推进吗？到了四度空间的幸福的我们，会在第五度的门槛前迟迟不敢迈进吗？不，我们要打定主意，形体每升高一层，志气也要往上冲一层。我们的志气将让第六度的大门敞开，接下来是第七度、第八度。包罗斯基的《第四度空间国度之旅》提到：第四度空间为我们开拓了全新的地平线，它让我们能够达到知识的确定综合，让我们对世界的体验趋于圆满，进入第四度的空间，会自觉与整个宇宙交融。

我们在描写超空间时需要很大的想象力，特别是还要把时间的概念放上去，这就是所谓四维空间的思考。更高的维度则要再把过去及未来的概念放进来，我运用这种"超链接想象力"的方式，写了一篇当时连盖都还没盖、只给我一张设计图的诚品商场板桥店文案，设计图中唯一的特点是：它和地铁站与火车站是共构的，于是我就抓着这个共构的概念来写。

火车站有很多内容可以想象，许多电影情节开始在火车站，关键转折点在火车站，结束也在火车站，火车站就是人、

情、物交会或分流的集散地，是故事发展的地方，也是故事
结尾的地方。回想一下你看过哪些电影的剧情场景是在火车
站发生的，如果平常有做电影笔记的话，一下就可以搜寻出
来，例如《一代宗师》《中央车站》《哈利·波特》《新东方快
车谋杀案》《囧妈》……我自己在带团时，只要经过火车站，
一定会带团员到火车站大厅和月台轨道处，想一下如果这个
空间要发展成多线故事，那会是一个什么样的故事？如果你
的人生搭上不同轨道的车，会分别经过哪些不同的风景、到
达哪些不同的版本结局？如果有办法在火车站发展出各式各
样的想象，那意味着你有把故事放进多维时空的能力。所以，
接到诚品商场板桥店这个案子时，我其实还蛮开心的，因为
我一直很想写有关火车站的文案。

板桥车站·扩建一座幸福的转运站

到了车站，进入哪一个月台，
决定了转运的方向。
从板桥，东往台北，西向树林，
北上新庄，南下中和，
好像想去哪里，只要一进火车站，
都一定到得了。

1998 年 10 月，
即将正式启用一个幸福的转运站：诚品板桥站。

> 全栋十层楼，宛如通往各种心境的大型转运台。
> 几秒钟之内，
> 在各个月台成功地转换家的气氛——
> 爸爸和女儿的关系、
> 朋友的交情、情侣的对待，
> 甚至转变了一个人的运势未来……
>
> 你可以发现更多的路径，
> 心情像身体那样自由移动，
> 所有的幸福都可以迅速抵达，跨足可及。

　　我把火车转运站的概念——不同月台可以通往不同方向、不同地方——平移到与火车站共构的诚品商场上来。电影《新东方快车谋杀案》里面有一段对白我非常喜欢："一群陌生人机缘巧合地坐上同一部列车，一待就是几天，除了这点之外，他们毫无关联，下车之后就再也不见。"这就是形容火车上的机遇与巧合。

　　我还建议将诚品板桥站开幕文宣品设计成一张通车时刻表，把里面总共十二层楼视为一个立体月台，每一个月台代表不同的方向与氛围。

幸福转运月台·最新版指南

第十一月台·创意转运站
创意是用光年计算的，
档案在这层开启，
所有的神话和幻想，
表演和展演，
都享有最大的治外法权。

第十月台·欢乐转运站
欢乐和梦想在同一个对流层，
大人和小孩在同一个年龄层，虚拟现实，
提供你迅速脱离现状的快捷方式，
这里是笑声最频繁的路线……

　　想象大家在每个月台里的表情、动作、感受，并生动地还原在文案里。例如，第七月台是书店，可以把它视为知识转运站，大家在这里可以借着大量阅读，自由转进不同的心灵出口；第六月台是逸乐转运站，是享乐的空间，咖啡、影音、酒吧……在这里形成一个转运的空间；第五月台是活力转运站，这里有运动用品，可以补给足够的能量和足够的装备，支持你走到新的生活中没有地心引力，最容易出汗的地方；第四月台是风格转运站；第三月台是青春转运站；第二月台是流行转运站；第一月台是时尚转运站；地下月台是生活转运站，因为这个地方是美食区。

地下月台 · 生活转运站

省下长途飞行与转机的时间，
在这里可以通到韩国吃烤肉，
在欧陆品味一份午时简餐，
饭后再来一份意大利冰激凌，
并到日本杂货店做一天的哈日族。
时空迅速转换，完全没有时差……

以月台时空转换的概念写每个楼层，就可以写得非常生动，因为我的脑海里已经出现了另外一个更好玩的平行空间。平时你可以去找一个空间，像写奇幻小说一样把它写出来。这个练习很重要，可以让你的文字有一种魔法师的能量，把任何地方点石成金，变成好玩的时空，让大家很愿意进来体验。

▷ 案例四：用电影场景来写文案

曾经有几年，我几乎每天都看电影，甚至一天看两场。我的青少年时期，电影就是我的世界，是我周遭那个世界之外的另一个天地……我若是下午四五点进电影院，出来的时候让我震撼的是穿越时空的感觉，两个不同时间、不同角度之间的差异，

影片内和影片外。我大白天入场，出场时外面一片
漆黑，点上灯的街道延续了银幕上的黑白。黑暗或
多或少遮掩了两个世界之间的不连续性，反之也彰
显它，因为它凸显出我没有活过的那两个小时的流
逝，在停滞的时间、一段想象的人生，或为了回到
几世纪前的奋力一跃中的忘我。发觉白昼缩短或变
长了，是那瞬间的莫名激动。当电影中下起雨来，
我便竖起耳朵倾听外面是否也在下雨，那是尽管我
身在一个世界，但仍会记起另一个世界的唯一时刻。
电影，是我们一生的历史。

　　　　　　——伊塔洛·卡尔维诺《观众回忆录》

　　这段文字是卡尔维诺对看电影的过程以及影院内外的描
述。可以想一下，如果要描述"电影"这个概念，你会怎么
写？你能够把时间、空间写在这个感觉里面吗？这就是阅读
的重要，通过一个作家、导演、诗人、画家，我们知道，他
们眼中的生活，即便是看电影这种人们日常都会做的事，竟
也是如此独特而深厚。我们在看电影时，有办法体会到这么
细微的变化吗？

　　"电影场景"这个概念对我写文案有很大的帮助，我的诚
品商场西门店文案就是用电影场景概念写的。诚品商场西门
店位于台北西门町电影商圈，四周都有电影院，东西南北四

个方向都在上演不同的时空剧情；想象一下，如果右边在演
《侏罗纪公园》，左边在演《超时空未来》，前方在演清朝的故
事，后方在演《新东方快车谋杀案》，你就会觉得位于中间的
这个新生活片场，就是好几个时空故事穿越的焦点。

　　这样的想法源于我看过的一位捷克导演的作品《光纤电
人》，这部电影的男主角一天到晚看电视，有一天他在看电视
时突然被电视机吸进去了，然后就游走在各个电视频道之间，
有时候在中古世纪战争片的片场，有时候可能在新闻播报台，
有时候刚好在一个连续剧的布景前……这是这篇文案的重要
灵感来源，我用"跨时空交界的新生活片场"来写，在这里
你可以保有电影的想象力、演员的生命力，还有舞台效果的
橱窗设计，所以它就被定位成一个集结流行、电影、美食、
文化的西门町新生活片场。

　　商场三楼是书店，我把它定位成生活剧本馆，每个人在这
个书店里可以找到自己的人生剧本；二楼是时尚商品，所以就
把它定位成时尚映画馆；地下一楼是美食区，我把它定义成欲
望采集馆，进入这个流行大片场，可以自由随意地采买一些生
活背景道具。消费者走进电影流行片场，可以在这里找到一点
生活的灵感与能量，比如以电影为概念，可以把电影胶卷当成
皮带，用电影字幕机来表白，把电影打光机当成台灯，用影片
铁盒来装情书，用电影打板来留言……所有的电影道具都化身
为生活中的创意工具，甚至还可以想出这商场特制的电影主题

周边商品，比如电影胶卷式的纸胶带、电影导演喊开拍的打板机造型便利贴，写下现在要开拍的生活主题是什么……有无数个灵感可以围绕这个主题来做。

　　所以，一个有趣的主题会勾出很多有创意的活动。我以这种空间氛围写文案，也就"顺便"帮这家店的开幕想出了很多相关的活动，例如电影配乐音乐会、手绘电影海报展等，只要跟电影主题相关的活动都可以轻易地联想出来。这篇诚品西门店文案很好写，它就是一个"人生电影院"。

西门町的新生活片场
诚品书店西门店 OPEN 开幕大片 · 12 月 6 日 · 精彩首映
把新天堂乐园的废弃胶卷送给男友当皮带，
用电影院的字幕机宣告自己刚上映的新恋情，
到书店展示阿莫多瓦的高跟鞋，
到 New Arrival 货架上翻阅下一季的流行宣言。

　　用"阿莫多瓦的高跟鞋"来提示诚品商场也卖高跟鞋。

依电影配乐更换菜单和客厅的布景，
胃和楼下的美食自秋之后片约不断，
伍迪 · 艾伦戏假情真，
费里尼说梦是唯一的现实，

> 把自己的照片放大做成电影海报，
> 自己做自己一辈子最忠实的影迷。

有位电影导演曾说："自己就是自己的导演、自己的制片、自己的演员、自己的观众。"如果你累积了大量的电影场景与故事，那么你就已经有非常丰富的文案灵感库可用了。

▷ 案例五：用电玩场景来写文案

如何以"电玩"的概念来写文案，特别是针对电玩客户的商品或服务空间，例如手机、电脑、商场？诚品商场要在台北西门町开一家针对18岁到28岁年轻客户的"新世界店"，于是我就想到用电玩的概念来写：如果把整个商场变成一个立体的电玩空间，那会是什么样的氛围？我在脑中以"电玩空间"的概念包装整个商场的形象，想一下自己比较喜欢哪款电玩，或者目前当红的几款电玩的玩法是什么，甚至把它们的通关攻略记下来，把它们专用的词汇放进文案里，成为写文案的素材。如果你正在做一个针对年轻客户的课程规划，那么也可以用电玩通关的计分与进阶概念或者漫威电影里的英雄形象来设计。

我用电玩概念来写诚品西门店的文案，必须将每个楼层视为电玩的通关接口。

诚品西门新势界

影音、情报、流行、享乐版

一批爱玩电玩的年轻人，他们包下来一个新的"势"界，拥有自己的势力、权力，这个新活力版图就是他们的新世界，也呼应了"新世界店"这个名字。

后天异种混血，新势力接班新世界，
你终于可以亲身实现虚拟自己的过程：
把自己变成复数，多重实验你的各种人生版本。

我会写"多重"，是因为年轻族群在玩电玩时就形同开发出另外一个分身，用另外一个角色来体验另外一种生活。在某一方面来看有点逃避现实，让自己从现实与无聊中脱困，跑到一个新的游戏世界里去探险、享乐，或者是去发挥自己在现实生活中被打压的自信与力量，就像是体验另一种版本的人生，所以我写出"把自己变成复数，多重实验自己的人生各种版本"。

你的眼睛是最快的搜索引擎，
橱窗成了你看过最大的 PDA 窗口，
一个个都是与你一般高的动漫人物，你不兴奋吗？

　　我将商场的橱窗当成电玩接口，在橱窗里面也能看到这些虚拟超现实的动漫人物，但是橱窗比电玩的接口大得多，甚至比人还大，所以如果用电玩接口来比喻商场橱窗，就会有很多的想象，对玩家而言，就像是进入了立体的电玩空间。整个商场以及每个楼层的文案介绍，完全是以电玩攻略手册的形式写的。将来如果你要写一篇针对玩家设计的文创体验游乐区，也可以沿用这个概念来思考，给玩家们的不只是一篇文宣，还是一本攻略手册，体验每个单元的展示内容。

西门新攻略手册：决战五重天

安装好程序，开始和你的战友们，
玩真人版的角色扮演游戏。
直奔二楼，插进变装加速卡，
下载衣势力试玩版，决定自己的身份阶级：
世纪帝国元帅
城堡公爵
恭亲王
教皇
尼古拉二世
神鬼巫师
星际大战指挥家

　　商场二楼有各式各样的服装，玩家要进入一个电玩角色，

会先选自己的身份，就相当于在商场里选不同服装来决定自己是谁，这就是"衣"势力。我把选设角色这件事等同于在商场买衣服，所以在这一楼的简介文案中设了好几个角色：帝国元帅、城堡公爵、教皇、尼古拉二世……这些就是当年比较红的电玩主角，用这些角色来呼应商场里各式各样有个性、有风格、有故事背景的服装，但是我不能随便写角色，必须看商场里有哪些品牌可以呼应到哪些角色，去找到这个对应角色。

> **设定好自己的上半身颜色，**
> **在镜子前而不是在电脑屏幕前面，**
> **当场修改自己的形象：**
>
> **战场红**
> **极速黄**
> **原野绿**
> **魔幻紫**
> **海底蓝**
> **阿尼橘**[1]

　　我们选一个电玩角色，会就此决定自己的身形、身高、发型、长相，而走进商场也是在帮自己换一种角色，换一种

---

[1]　阿尼·麦克康米克是美国动画《南方四贱客》中四名主角之一，常头戴橘色套头帽。

形象，而且还可以当场修改，所以这段文案我写的是可以自己选颜色，但这些颜色不会只是一般的红、黄、绿、蓝、紫，而是有"电玩"的个性，例如战场红、极速黄、原野绿、魔幻紫、海底蓝、阿尼橘，每个颜色都套上了电玩剧场剧情的游戏氛围。要建立这样的专属词汇，平常就要多收集多练习。例如看到一部电影、电玩或是小说，里面提到了什么样的红，什么样的黄，什么样的绿，如果形容得很特别，可以随手记入笔记本，我已经在文案灵感库里建立了很多颜色描述档案，在写某个颜色时，可以很快抓出合适的词汇。如果你真心想做一个独特的优秀文案创作者，就应该要有自己编文案辞典的野心，就像作词人平时会累积写词押韵笔记，美食家有美食笔记，主厨会有私房食谱一样。建议大家去看《教授与疯子》这部电影，里面讲的就是编辑大英百科全书的经过，有很多收集分类知识的方式很值得参考。

**诚品商场西门町新世界店，
完成人类科技想象的极限空间**

已经实现的虚拟天堂里，
有最宽阔的购物街道，
超大容量的流行情报档案库。

最真实的生活游戏接口、与真人真事第一线交手互动，
当下意念启动，

不必等下载时间，只要等电梯时间，
就可以身临其境，
青春的动线，
不怕被电脑病毒"瘫痪"你的行动力。

未来，就是完成极限，
想象变成真实的时候。
西门町最酷的人生游乐平台——西门新势界，
在电玩里已经习惯上山下海的你，
整整五层楼，五个行动回合，
网络再高段的招式，在这里都要秀真功夫。
有最发达的数字光能神经胞者，
请练到 99 级转生，发挥最大的人格声统效果。
最多人同步角色扮演，
让你当众玩遍数百种最潮品牌的剧情结局！

    诚品新世界店比电玩有趣的是：不必等下载，只要等电梯，而且不怕电脑中毒。现在你可以开始留意好玩的电玩攻略、漫威电影，然后把灵感转移成某一类空间服务或是商品的文案。

课后
练习

如何把脑海中的想象世界
栩栩如生地传输给消费者?

1. 找一个你喜欢的空间,仔细走一圈,把所有重点、细节还有独特之处,以精准且很有味道的方式描述出来。

2. 尝试从一段文字中想象出物件、颜色和空间,培养将文字转换为 3D 或 4D 画面的能力。

3. 观察电影、电玩中的颜色,是什么样的红,是什么样的黄,是什么样的绿……随手将之记录在文案灵感笔记本中。

练习题

站在火车站大厅与月台轨道前想象,如果这里可以发生多线故事,那会是什么样的? 如果你搭上不同轨道的火车,又会分别经历哪些不同的风景,达成哪些不同版本的结局?

如何写时令节庆、品牌形象、商品包装、公益与活动

◇
◎
∗
∞
≋
¤
Π
〉
♯
▓

前面我们在第二阶段，以四堂课四式教大家如何精进写作的武功。第三阶段将会以三堂课三式的篇幅来细说：如何写时令节庆文案？如何写活动式文案？如何写品牌形象、商品包装、公益与活动文案？

如何写
时令节庆文案

在文案的范畴中，时令节庆类文案占了相当大的比例，一年到头厂商客户都有促销活动，身为文案工作者也得随时待命。每个时令、节气、节日、庆典，对我而言都是一份工作，所以一张"时令节庆表"是必备的。作为从业30年的资深文案工作者，我已经累积了好几轮的时令节庆文案作品。那么，如何才能写出有氛围、有生命时间意义、令人感官兴奋而又尽可能不重复的文案呢？

每个人都是跟着时令节气过日子，而文案工作者也会跟着节庆或庆典的生活周期来安排主题。我写过很多百货公司或是商场的节庆文案，那已经成为我一年从头到尾的固定工作。接下来我将以春、夏、秋、冬四大类别详细地解说此类文案背后的灵思脉络。

一、春季

▷ **案例一：诚品书店春天书展**

敦化南路上，春开花开书店开

太阳升起来，暖炉收起来。
短衫穿出来，毛衣收起来。
凉鞋取出来，长靴收起来。
新书拿出来，冬书收起来。

> **24℃暖春读书计划，**
> **请你现在开始暖身！**

"敦化南路上，春开花开书店开"，一看到这句标题，脑袋里就会出现花开书店开的画面，既动感又立体。所以写文案就是用每一句话勾起阅读者的视觉感官。把春天书展写得活灵活现，仿佛能感觉到那时的温度，感觉到换季花开的兴奋开心，这样的文案就会让读者特别有临场感。

▷ 案例二：中兴百货春季特卖

我为中兴百货写过一篇春季特卖文案，该年的年度主题是"一年只买两件好衣服是道德的"[1]，这句标语主张环保再利用（recycle），就是旧款衣服可以跟新上市的衣服混搭着穿，既环保又时尚，而且很有个性。当年的电视广告影片是《祖母衣柜复活记》，风格也非常强烈。

因为必须延续"一年只买两件好衣服是道德的"这个年度环保主题，加上这篇文案的主题是春季特卖，所以我把道德与环保放在一起，做个有趣的呼应。

> **春天的道德问题**
> **把衣柜当魔术箱是道德的，**
> **把衣柜当仓库是不道德的。**

---

[1] 这句年度主题文案标语由意识形态广告公司构思定调。

　　如果你懂得搭配，就不需要买太多衣服，懂得将去年那款旧装搭配今年这件新装，你就是自己的时尚代表，不需要拼命买衣服堆成仓库。

戴一枚人工合成钻戒是道德的，
穿戴一身象牙扣又高谈环保是不道德的。
与男友分手时说谢谢是道德的，
各奔前程后还到处宣扬是不道德的。

　　如果跟男友分手，还到处说他坏话，以后想 recycle（回收、复合）也很难，把这种生活态度放进这篇文案，让"recycle"扩大升华为一种人生态度。

自恋而自怜是不道德的，自恋而自觉是道德的。
一年只买两件好衣服是道德的，
光买衣服而没有衣尽其用是不道德的。
春季折扣，正在进行。

　　如果你有很独特的穿衣品位，其实衣服不需要多，而是要懂得时尚穿搭，所以环保是一种聪明——文案本身要呈现出一种态度，让消费者认同，才能够引起他们的共鸣。你今天可以自行设定任何主题、商品、空间或服务，以春天为主题来写一篇文案。

▷ **案例三：诚品商场春季特卖**

我之前提过，要随时随地记录各种颜色的描述方法，因为文案经常需要用颜色作为商品的重要卖点。举"一匙灵酵素洗衣粉"为例，它的标题是"从纤维深处给你惊奇的白"，这就是一个很生动的形容词，一听到"惊奇的白"，仿佛眼睛就会睁大，很好奇怎么可以这么白？

我在旅行时会记录各种不同的颜色，比如芬兰大教堂的白，是那种有点像香草冰激凌的甜甜的白；在西班牙奥运村有一栋白色风帆状建筑，它的白非常有故事层次感，所以我就写出一连串的白："薄纱透明的白、石块稳重的白、孤芳自赏的白、比阳光快半拍的白、无色无味的白、不说脏字的白、睁不开眼的白、忘了关灯的白、乘风破浪的白、很快就融化的白……"这些不仅可以形容这栋白色建筑，也可以形容洗衣粉洗过后的干净。

诚品商场有一年春季特卖，店长跟我说已经将白色定为年度主题色，所有主力橱窗里的商品都以白色为主。还好我平常就已经完善了自己的颜色形容档案，所以很快就把这篇"带有文化风格"的"白"的主题文案写完了。

我把"百感交集"的"百"改成"白"，就是白色丰富的春天，而且"白"也没有任何的禁忌。

白感交集的春天，白无禁忌

霜白。 雪白。 冬天北极狐的白。
川久保玲"没有存在"的白。
奇士劳斯基[1] 情迷的白。
波希米亚颓废的白。

　　我在这几句文案中呈现：季节气候的白，川久保玲服装的白，奇士劳斯基电影《白》的白，还有波希米亚文化的白。 接下来用比较有意境的方式形容白色各种各样的可能：

云的白。 轻的白。 鸟羽的白。 梦境的白。
洁癖的白。 不贪污的白。
痛恨有颜色暴力的白。 用过防晒油的白。
与黑对比的白。 所有光混合的白。 极限主义的白。
玉的白。 灵性的白。 香槟白。 大曲茅台有酒意的白。
简单的白。 勾描不上色的白。 五四运动口语化的白。
智慧华发的白。 真相的白。 不想有瑕疵的留白。

白色是一种没有重量，可以飞的幸福；
世纪末无色调风华，百件春品，白感交集，
1998 年 3 月 6 日至 4 月 5 日，诚品商场春品上市，
请您开始白无禁忌！

---

[1]　即著名波兰导演基耶斯洛夫斯基。

以商品、文化、生活态度来呈现白的各种寓意，"勾描不上色的白"意味着诚品商场的消费者应该要有随时可以留白的智慧与豁达；"智慧华发的白""真相的白"也意味着他们对智慧、知识、真相有一定的追求；"不想有瑕疵的白"代表这群人有要求完美的个性……每一句的"白"都是诚品商场消费者样貌的拼图，都反映着消费者的一种态度与坚持。即使是白色这么简单的颜色，也可以写出各式各样有景深、有个性、有脾气的文案。

二、夏季

换季特卖

一到夏天你会想到什么？如果以夏天为主题来写文案，你会想到哪些画面？

很多人用夏天的"夏"来做有趣的同音转换，比如"快乐一夏""夏一跳"或是"夏夏叫"，我以前也写过一篇跟夏季特卖有关的文案，名为《放暑价》。你可以继续发挥联想力，想一想"夏"这个字还可以怎么玩，然后把它写在笔记本里，以后写夏季特卖文案时可以用；也可以去看《51类物类消息》，看看能不能从书中找出十个物品来代表夏天？这十个物品若要变成商品，文案又该怎么写？德罗亚是这样描述"凉鞋"的：

凉鞋总是保留着无数的回忆，帆布鞋的帆布，我们的脚指头体验过有点刮脚背。当一天的征战结束之后，我们会在傍晚穿着凉鞋在砂砾上漫步，而当我们在温温细雨的夜晚逛街，或是在清晨去海边踏着浪花时，它又变得像木头一样硬邦邦。岩壁专用的凉鞋布满了海草，半透明状的塑料鞋，一旦潮水退去，水花远离，总会留下沙粒和细石，有时还会有一小片贝壳。或者还有些法国南方的皮板鞋，只吸住了脚的大拇指和脚踝，以避免被沙地烫伤或岩石割伤。

……

凉鞋让我们看到了媒介与接口，在自然与文化间的交缝处，它隔离了，也接触了脚与土地，它化身为世界之间的界限，像一张使不同世界得以共存相接的薄膜。凉鞋不仅介于肉体与土地之间，同时也介于过去和现在，手艺与工业，东方与西方，北方与南方，热与冷之间。由于它有一部分与运动、轻便、风有联系，我们何不提出，凉鞋是世界的连接点呢？

光是听到这段描述，脑袋里就跑出来好多鞋的款式。如果它是一个有品牌的凉鞋，你会很有感觉，因为它就是一种文化态度。 你可以练习一下，如何描述各式各样的鞋，比如高跟鞋、布鞋、球鞋、靴子、皮鞋、雨鞋……你会怎么描述这些鞋子的个性、态度甚至是脾气？

▷ 案例一：诚品西门店"520"特卖

让我们回到夏天这个主题——记得那时候我才大学四年级，接到了诚品商场西门店5月20日春夏换季特卖的案子。你也可以想一想，如果是你，会怎么写？

换季的时候，春天的商品会促销清仓，夏天的新品陆续上架，所以我想出了"夏天推翻了春天政权"的概念，因为夏天的元素都把春天的元素推翻掉了，这样的文案写起来就会比较生动，好像真的看到了这场春夏流行革命。 继续这个主题往下写也很简单，先分别把春天与夏天的物品列出来，然后想一下，夏天要拿哪些物品来推翻春天？

夏天在 5 月 20 日，推翻了春天的政权

迷你裙在艳阳下示威，凉鞋在鞋架上联署完毕。
泳衣主张解散毛衣，衣柜要求全面改选，
有心人士借着流行的路线之争，发起品牌的阶级革命，
防晒油则忙着制定夏季革新时间表。

夏天有很多美女穿迷你裙出来晒美腿，凉鞋一双双地摆在鞋架上准备迎接酷暑的阵仗，毛衣收起来，然后整个衣柜

都换季了。

什么是"防晒油忙着制定夏季革新时间表"？就是防晒系数越高，皮肤就越白，你夏季革新的程度就越高。但如果只是写"防晒油系数决定你皮肤白或不白"，就没有办法聚焦"推翻春天政权"这个主题了。所以每一句文案的动词或形容词，都应该紧咬着标题的核心精神，标题是"推翻春天的政权"，文案用词就要很"政治"，这样才能够呼应起来。

> **价格悬挂布条揭竿起义，Teddy Bear 出来拥抱群众，**
> **999 项新品在西门町前集会游行，**
> **夏天在 5 月 20 日，推翻了春天的政权。**

当我用鲜活的文字来展演"夏天推翻春天政权"的概念时，这篇换季文案就有了剧情画面。

▷ 案例二：台湾远东百货春夏换季特卖

当我离开广告公司自己接案时，之前中兴百货的客户经理也在离职后来到远东百货供职。她找我写远东百货春夏换季特卖的文案，给我的主题是"当东方遇见西方"，意思是东方品牌与西方品牌在远东百货公司同步春夏换季。"当东方遇见西方"是一个远超过百货公司规模的主题，是地球东西方相会的格局，因为视野、维度都拉到了很高的层次，所以其内涵也必须有相当高的哲思档次。

当东方遇见西方 When East Meets West Again

大远百的新春夏风华绝代
欧美吹起了一股"东方风"。
半透明斜裁刺绣长衫、性感流苏披肩，
以神秘媚惑的姿态，吸引全球时尚界的目光。

东方遇见西方。
受全球影迷瞩目的电影《最后的武士》，
将东方的武士道与西方的骑士精神，
交汇出一场东西方动人的生命华彩。

这回东方与西方再次相遇，
已经不再是形式的混体，
而是精神面、哲学层次的和平融合：
东方的黑白极简禅风，
在北欧的流体家饰里，
展现出老子"致虚极，守静笃"的境界；
东方的孔雀刺绣，
在澳洲的摩登白皮革上开屏，
招展出一个华美盛世；
东方的墨绿色花卉，
泼彩在一名女子身上，
在伸展台上蔓长玲珑有致的清静，
利落展现西方风的摇曳生姿。

> 或是我们俏皮一点，
> 绣花的小短衫，配上轻快的流线短裙，
> 让东方自然的心灵，走着西方自由的脚步。
>
> 身体是自由的，灵魂没有国界，
> 我们的风格，也不再有品牌的束缚。
> 东方与西方混血，纯真与性感混龄，
> 无国界的衣装实验，只对你的独特性效忠。

这一系列远东春夏特卖的文案很长，都已收录进《广告副作用》，这里只节录出一小段来做示范。在写这段文案时，脑中要有一个大的地球国际舞台画面，像是东方与西方的哲思风潮在这里交汇，混搭出我们灵魂的自由。我看着客户提供的各个品牌型录照片，以超立体的方式看衣服上的花开，看模特儿带起的风生水起，看家具里的禅意，写出了文案里的每一个句子。

儿童节

▷ **案例一：中兴百货儿童节特卖**

在写每年一度的儿童节主题时，我会把自己分成两半：一个是还没长大的我，另一个是成人的我。事实上我们写的儿童节主题文案，要吸引的是有童心的大人，或是带着孩子一起来的父母。因为中兴百货的定位是知识精英，是一群具有高度反思能力的消费者，所以当时我就以 BEFORE/NOW（以前／现在）的对比，一览从过去到现在孩子们是怎样失去快乐的。

BEFORE

米老鼠与加菲猫追逐的童年，
孙中山在广东省翠亨村的童年，
鱼儿往上游、不进则退的童年，
玩具很少，玩伴很多的童年，
大人统治下的童年。

NOW

在安庆班培养先知先赢的童年，
不相信天堂但信任天堂的童年，
玩具很多，玩伴很少的童年。
4 岁开始写字，6 岁开始讲英文的童年，

保护濒临绝种的快乐儿童，
请你与我们一起抢救童年。

我希望文案不只是要吸引家长带着孩子来买东西，而是引导父母一起反思：现在的孩子已经有了很多东西，玩具、手机……可是他们的童年却不像以前那样简单纯朴，没有那么多的玩伴，只有很多手游在线战友。我要表达的是童年的

逝去，以此来引导父母集体反思。

▷ 案例二：诚品敦南儿童馆开幕

　　刚才提到，儿童节的文案不是写给孩子，而是写给父母的，文案必须引导他们以孩子的眼光看世界，必须在大人跟孩子之间找到交集，也就是赋予"孩子"新的定义。当诚品书店敦南馆要成立儿童阅读与文具玩具区时，我马上就想到《小王子》中的那句"每个大人都曾经是小孩"。父母带着孩子来玩，自己也变成了孩子，只是身体长大了而已。所以，这篇文案的主题必须重新定义谁才是孩子，不再只是从年龄上、生理上判定，而是从心态上看。于是我把标题定为"有梦就是孩子，新儿童乐园 10 月开"，意思是只要你心态像孩子，你就是孩子。也正因为这样，才能够把顾客的范围变得更广，有童心的大人或小孩都可以来。我的文案就是要锁定这些有童心的人，无论他是大人还是小孩。

把地铁当云霄飞车，
穿上直排轮鞋就是现代哪吒。
旋转木马是村上春树的心灵马术，
刺青贴纸是高龄婴儿的新胎记。

　　以坐云霄飞车的心情坐地铁，就不会再有去上班的苦闷心情；穿上直排轮鞋，自己就变成很狂野调皮的哪吒；跑进

游乐园坐旋转木马，就像村上春树式的心灵马术，享受自由游乐的心情。

为什么会写"刺青贴纸是高龄婴儿的新胎记"呢？这是我自己的一个经验：有一次我坐地铁，对面坐着一个抱着小孩的妈妈，旁边是一位年约30岁的精壮男子，穿着一件无袖背心，手臂上有一个龙刺青，而这个孩子肚子上贴了一个《侏罗纪公园》主题的霸王龙贴纸。我坐在他们对面，看着3岁小孩肚上的霸王龙与30岁男子手臂上的青龙，感觉十分超现实，所以写下"刺青贴纸是高龄婴儿的新胎记"——我们要边生活边酝酿灵感之酒，放在文案创作缪斯的酒窖之中随时备用。

> **趁着好奇心还在，把灵感发射升空**
>
> 小时候，用十块钱坐一次旋转木马，听一首机器儿歌，转动着全世界的童年。
>
> 对漫画愈老愈不能免疫，
> 从《格林童话》里找到对待情人的新方法。
>
> **芭比是最小的大人，老莱子是最老的小孩，
> 梦想是不老的保养品，
> 有好奇心才能够继续长大**
>
> 诚品儿童新乐园，没有身高上限，

给想长大的小孩，不想老的大人。
在 10 月 24 日到 11 月 2 日入园期间一律 9 折儿童价。
玩得再晚，都不会有人怪你太晚回家。
趁着好奇心还在，梦想还没改变，把灵感发射升空，
这里就是你永远的童年馆！

　　芭比娃娃就是尺寸最小的大人，因为她完全就是一个大人的身材比例，只是做得很小。大家都知道老莱子娱亲的故事，再老的人只要在父母面前永远都只是个孩子，所以我想用这两句话对照来表达：所谓的孩子不是指年龄，不是指大小，而是指心态。

　　梦想是不老的保养品，只要你还有梦想，就可以像个孩子一样，有好奇心就会继续长大——这两句话是整个诚品儿童馆的精神，也代表着有"孩子的心态"就可以进来，贯穿到文案最后，我就以"儿童价"来讲"九折"的促销活动：今天孩子最大，诚品敦南馆竭尽所能，延长所有人的童年时间。

　　这篇主文案还有一个附属文案，标题是"新儿童宪法"，意思是我们需要用儿童的观点来建立新的世界规则，希望借着这个儿童馆的开幕，把所有大人的童心都唤醒，让人们永远都像孩子一样，有纯真的好奇心以及初生牛犊不畏虎的勇气，来看待眼前的世界。

> 从今天起向孩子们看齐，以他们的高度放大万物，
> 透过他们的双眼，重新用一种简单的方式看世界。

套用之前提到的"附身"概念，从现在起你也可以同步开启"孩童"身份，这样就很容易以孩子的眼光来过每一天。

母亲节

▷ **案例：中兴百货母亲节特卖**

母亲是最重要的家人，要构思这个主题，可以先想一下，自己跟母亲之间的关系如何？两人之间曾经发生过哪些动人的故事？或者平常在生活中观察到母亲跟孩子之间有什么动人的画面或情节……这些都可以随手记录在你的笔记本里。

我写书店、商场、百货公司的文案，每年都要写母亲节特卖的内容，也只有这个机会才可以把母爱的伟大写进文案里。那次我写中兴百货母亲节特卖，心中跑出的第一个句子就是"江山易改，母性难移"。之前也提过这个例子，这句原话是"江山易改，本性难移"，但是我把"本"改成了母亲的"母"，意思是无论外在环境怎么变化，妈妈的本性和爱你的心从来没有变过。

　　慈母手中线，游子身上衣。

　　临行密密缝，意恐迟迟归。

　　这四句诗就让每个做子女的很有亲情画面感，母亲面对即将离开家的孩子，虽不放心但又必须放手，只能通过手上的针线，把深深的爱与牵挂缝进即将出远门的孩子的衣服里。

　　写下"江山易改，母性难移"这八个字后，我只要把母爱不变的部分写下来，文案就完成了。请你先行思考，假设给你一个"江山易改，母性难移"的题目，你会怎么写？

　　就像是一个生活切片，这篇文案我还加上了自己跟妈妈的关系，以及每个人跟妈妈之间永远的情感牵连。

江山易改，母性难移

妈妈和我的关系就像师生，

小时候她教我走路，

长大换我教她忠孝东路怎么走。

　　　　　　　　　　　　　　　　——上班族·25 岁

　　小时候妈妈教我们写字，长大了换我们教她怎么用微信报平安。

妈妈和我的关系就像姐妹，

> **我老是忙着帮她适应我的新男朋友。**
>
> ——高中生·16 岁

　　小时候妈妈非常挂心你跟谁在一起，害怕你交到损友。等到你长大了，她还是会继续操心你与另一半过得好不好，这就是天下母亲一样伟大。

> **妈妈和我的关系就像劳资双方，**
> **我给她的报酬，永远赶不上对她心力的剥削。**
>
> ——小叶·30 岁

　　妈妈永远都是无条件地爱我们，完全不计代价，也不符合经济效益。我们给妈妈的爱，永远不及妈妈给我们的百万分之一。

> **妈妈和我的关系就像医生和病人，**
> **她老是觉得我营养不良，**
> **虽然我已经 70 公斤了。**
>
> ——匿名男子·40 岁

　　无论你几岁，妈妈永远都把你当成小孩。每个人的生日快乐，都是建立在妈妈的痛苦之上的。妈妈的爱真的是无条件的，她愿意腾出身体的一部分孕育你，而且还不会跟你收房租，等你出生了精心养育你。妈妈对孩子永远都有一份担心和焦虑，怕孩子饿着了、冷着了，这就是永远的母爱。

毕业／开学之身份转换节

我们有时候要通过某一件事、某一种仪式、某一季节或者活动，让自己变换不同的身份。例如，有些部落会有成年礼，而我们有时候要通过买一样东西（如书包、笔记本、钻戒……），或是做某一件事情，来转变我们自己心中的那个身份角色。一个人在不同年龄段要做哪些事情或是经历哪些过程，才能够蜕变进阶成另一个人，这样的概念在文案里经常会被提及。而看到文案后，有人换了一部车，买了一栋房，换了一套衣服，买了一个包，就感觉自己变成了不一样的人，更有自信，更有力量，更有勇气，更有创意天赋了。这就是文案的魔力。

▷ 案例一：诚品六月新身份节

我在写诚品 6 月份活动时很苦恼，因为 6 月好像没有什么重要的节庆或活动，但是又要做个特卖，所以我就定义了一个"新身份节"，6 月也相当于一年的中间，非常适合转变、蜕变或是心情的变换，于是所有人都有了新的身份。

所有人一到 6 月，都要换一个新身份。

丁丑 6 月，驿马星移，红鸾星动。

好不容易出生、好不容易毕业、

好不容易结婚、好不容易搬家。

终于找到新学校、终于找到新工作、终于找到新恋情。

所有的人一到 6 月，都要换一个新身份。

5 月 29 日到 6 月 28 日，诚品商场全面开启个人新档：

穿一件新形象，喝一杯新口味，

戴一顶新头衔，换一身新肤色，

6 月以后一切 reset，

从诚品开始，您的新生活。

▷ 案例二：诚品 18 周年庆

　　继续"身份转变"这样的主题，我在诚品 18 周年庆时，也写了一篇以转变身份为主题的文案。18 周年庆，就相当于一个孩子满 18 岁成人，他开始有了自己的决定权，不再需要父母来为他负责——诚品 18 周年，也相当于一个 18 岁的孩子从幼稚转为成熟。

18 岁独立宣言：我，一个创造者诞生了！

18 岁，
不是比 17 岁大一点这么简单，
那是一种神圣的声明，
等于向全世界宣告：
从今以后，我已经可以完全独立了。

我可以百分之百地决定，
之后人生的每分每秒
可以做什么、值得拥有什么、
能为这个世界带来什么非凡的惊奇！

当我想去旅行，背起包包走出门就好。
当我想跳舞，所到之地都是我的舞台。
当我想去爱，每个人都是我的恋人。
当我想唱歌，全世界都是我的听众。
当我想要自由，眼前的每一条都是我的路径。
当我想去梦，整个宇宙的能量，都绕着我的梦成真！

不需崇拜偶像，不必听命于谁，
当我决定开始对自己的命运负全责，
当我全心聆听自己真正想要什么，
此时此刻，就是我思想最有力量的时候，
整个世界都会听我的。

活着，做自己，随心所欲，就是最大的成就。

> 把自己活成一个最神奇的创造者：
> 从无到有、无所不能、心想事成，
> 活出最美好的版本，
> 好到不想跟任何人交换我的人生！
>
> 我们自己才是风格的决定者！
>
> 这个世界，
> 因为我 18 岁，
> 因为我无上限的想象力、我的无穷尽的活力，
> 已经变得很不一样了！

　　18 岁是一种心理年龄，如果你觉得可以为自己做决定，为自己负责，那么你就已经成年了；但如果还在意别人的眼光，或者很多事情还要问别人的意见，自己没有办法做主，那就算是 58 岁也一样没有活出生命独立的自主权。

　　这篇文案不只是为诚品 18 周年庆而写的，也是一篇希望每个人可以做到内在自主、自我负责、活出真正自己的成年宣言。"我们自己才是风格的决定者"，这是文案很重要的部分。不能永远都是厂商主导，有时候要把决定权交还给消费者，让他们拿回自己的决定权。也就是说，文案要有引导的作用，带领每个人回到他的自主、自信、独特以及他自己。

　　针对这个主题，诚品还办了一个征文活动，请大家写下自己 18 岁时最想做的事情，就像是我曾经看过的一部影片：

如果你要给 18 岁的自己留一段话，你想要告诉他 / 她什么？或许当时 18 岁的你正在彷徨、怀疑，没有勇气，没有自信，现在你能给过去的自己什么样的建议？带领读者、消费者在参与周年庆之余，可以进一步印证自己的重要思考，这个主题也可以衍生出很多相关活动。

"身份转变"这样的主题在广告文案中经常被应用，我想推荐大家看《内在英雄》这本书，作者把人分成几种不同的类型，但每个人都要经历属于他自己的英雄旅程——在不同的年龄、不同的生命阶段跟真实的自己更贴近的过程：学会用坚毅的自律、意志力、奋斗改造自己，学会信任自我。当我们走上探索之旅，回到天真的心态，就会发现信任是安全的。学会吸引同步法则的能力并与大众互动者，就是英雄典范。

身份转换就是蜕皮蜕变，相当于毛毛虫变成蝴蝶，是一种进化。如果文案能够通过眼前的节庆仪式，协助消费者进行内心的蜕变，就能把广告文宣拉到人生深度思考的议题。在这本《内在英雄》里提到很多深度的概念，例如发现真实的自己，每一分每一秒都要保持完整的状态，忠于自己需要无限的勇气和自律，在每个当下绝对真实地做自己。我们越有勇气做自己，就越有机会活在适合自己的社群中，这需要一个非常不同的世界观；当我们改变的时候，真实本身也会改变。

这样的议题在现在与未来都是很重要的趋势，例如畅销全球的书籍《被讨厌的勇气》也在呈现这样的概念——做自己是一个非常深刻的人生课题，它不只是随心所欲的状态，还要有非常强大的自信与自我根基，只有你能够创造自己，只有你才能决定自己的人生，你不应该被自己的过去束缚，你只能描绘你的未来。所以在讲身份的转换或者是蜕变时，有很多心理学的书可以参看，这些都能让文案有更高维度的思考，而不只是写一些吼叫标语或肤浅口号。

　　另一本书《人生的行销企划书》，也是文案工作者很重要的参考书，里面有关于真实自我的概念，书里这样写：

　　　　人的主要任务就是让自己充分发挥最大的潜力才能，做自己才是人生的唯一目的。刚出生的时候，我们并没有戴面具，像新鲜空气一样的清新自然，甚至不需要人工的香味，就能够散发出纯然干净的清香。所以真实的自我就是最核心的你，与你的谋生方式无关，是与你显得独特的那些事物有关。众所周知的幸福处方就是真实真诚地做自己。

　　平常看书时，你可以随手把与"做自己"相关的句子画线、折角并将书名、页码记入笔记本中，将来如果写到与"做自己""自我成长"相关的主题时，就可以参考这些更有深度的理论与概念，然后深入浅出地将它表达在文案里，一方面让你的文案更有深度，另一方面也让看到的人不只是看到一篇文案，更是看到了一段启发他、改变他、使他蜕变的很重要的文字。

情人节

一年中有几个重要的情人节："2·14"西方情人节、"3·14"白色情人节、"5·20"我爱你表白日、七夕情人节……爱情是很多商家都喜欢的主题，因为每个人最渴求的就是爱。关于爱，我推荐《爱之旅》这本书，从情绪、生理、身体到跨国神话文化，里面有很多关于爱的深度探讨，是一本爱的百科全书。书中有很多经典佳句。

人类学家张克伟说，在研究了168种文化之后，发现87%的人有浪漫之爱，其中大部分男性都会给女性食物或者小东西作为追求的礼物。爱改变了历史，抚慰了野兽，创造了艺术，激励了孤寂的人，使铁汉脆弱，安慰了受奴役的人，让坚强的女性疯狂，使谦卑的人荣耀。爱是一个古老的异域，是比文明更古老的欲望。有的时候人们会害怕面对爱，会把爱当成是一场心灵的交通事故，毕竟爱会使人极度脆弱，我们把刚刚磨利的刀子交给某人，彻底地裸露自己，接着邀请他靠近自己，还有什么比这更可怕的。

为什么那么多人爱听情歌？因为在想象的渴望中，我们理想化了自己所欠缺的一切。当我们说坠入情网，就像是掉出飞机，一恋爱，你就陷入它浓稠的菜羹汁中，玩得两端滑溜。无论你怎么努力，想要爬出，都会不断地滑回去。

书中有一段描述克里奥帕特拉七世的文字也很精彩，可以作为一段时尚文案的参考。

她的名字唤起了东方的神秘与浪漫，即便在死后 2000 年，依然可以支配着男人的幻想，激起女人的嫉妒；她的魅力无穷，能够驶入任何男人的生命，掳走他的心，是个浑身能够散布魅力的女人。她富贵华丽，变化多端。她可以唱独角戏，丝缎与香水，面纱与宝石，异国风情的妆容与华丽的发型。她能够在陆地和海上表演复杂的仪式，穿着豪华的衣裳，她也知道该摆出什么样的场面。她最大的魅力就是埃及当时是地中海最富裕的王国，任何想要统御天下的罗马人都需要她的权力、她的海军和她的宝藏，她有着如礁湖一般的感官，如石英般使人魅惑，把你置于她的掌握之中，坚硬而纯净，她可能是蛋白石，也

可能是打火石，她可以包容火，也能够引火。 石英
与意志或欲望无关，这是一种矿物式的爱，蚀骨，而
且使人销魂。

深度的文化阅读是写文案很重要的参考地基——这么一
段文字，让你看到爱很有诗意，也具美感。 你在写"爱"的
时候，可以把那种深度的美与魅力，用非常有力道的文字提
炼出来。

▷ 案例一：诚品情人节书展

我将这个书展的标题定为"新'书'情方式"，用书来表
达感情，把爱情这么小情小爱的事写成跨时空、跨历史、跨
时代的大格局。

新"书"情方式

阅读恋人，恋人阅读。
此刻你正被阅读。
你的身体在接受系统性的阅读，
通过触觉、视觉和嗅觉信息管道，
还穿插着一些味觉的蓓蕾，
听觉也扮演着它的角色，
警觉到你的喘息与震颤。

爱人阅读彼此的身体，
他可以从任何一点出发，
跳跃、重复、后退、持久……
——[意] 卡尔维诺《如果在冬夜，一个旅人》

亚当阅读夏娃，
找到上帝创世纪中不存在的秘密花园；
萨特阅读西蒙·波伏娃，
发现一本不是用荷尔蒙书写的爱情白皮书，
罗密欧阅读朱丽叶，
相信爱情不能得永生，
却比任何事情都值得去殉教。

　　情人书展以动感、有影像的文案，描述恋人之间彼此阅读的过程。此外，我也推荐一本爱情必读书——罗兰·巴特的《恋人絮语》，里面有很多深度诠释爱的哲思佳句，例如"希腊文里面有两个不同的字眼在形容爱情，第一个是渴求而望不见的情人，第二个是对眼前的情人更加炽烈的欲求"。这本书不仅是我写文案的灵感源泉之一，也触发我写了很多与爱情相关的书。爱是所有创作文体的共同主题，也是每个人的生命经验，无论有没有情人，爱永远都是每个人心里最大的欲望。

▷ 案例二：中兴百货七夕情人节特卖

　　如何把浪漫至上的爱情与接地气的促销打折完美地融合在一起写成文案？可以先思考一下，如果由你来写一篇七夕情人节百货公司打折的文案，你会怎么写？

七夕的爱情经济学

平时省吃俭用的爱情狂热分子，
终于买下一条比存在主义更真实的
70 年代反战十字项圈。
对西西里永远忠诚的女人，
终于奇迹式地找到一件，
折扣多一些、图样少一些的渔网式背心。

　　为了写这篇七夕情人节文案，我大量涉猎与爱情有关的书籍与电影，在写文案的同时也在写书。一旦触及"爱"这个议题，就像发现了一个无尽的宝矿，各种各样的文字创意灵感都会跑出来，而不会只限于文案。所以我很喜欢一种说法：

　　　　一个真正的导演，绝对不会只安于做一个广告片的导演，他内心里面永远都会有一个想拍电影的欲望，内心真的想要成为一个电影导演。

　　一个文案创作者也是这样，他绝不会安于只做一个文案创作者，他的内心藏着一个作家，比如诗人或者小说家，因为这些都有同一种创作源头。如果文案创作者只是文案创作者，而不是一个作家，那意味着他的深度还不够，无法创造各式各样的文体。同样，一个广告美术设计师如果拥有非常丰厚的宝藏，也绝对不可能只会做广告设计师，他一定还能够去绘画、雕塑、做手工艺……

　　如果你要做一个好的文案创作者，理当要把自己拉高为一个作家，文案只是这个作家的一部分，它不是全部，这样你的文案才会有很深的底蕴。

　　我在写这篇文案时，同时也在写《情欲料理》的《黄昏之恋》，我用食谱体来写不同的爱情形式，而食谱体也是最接近诗、文案的一种形式。

黄昏之恋

材料及做法

第一步， 用风霜来料理过去的情史伤痛，
　　　　　撒上智慧的银发，滤出青春美貌的无常假象，
　　　　　酿出相知相惜的对待。

第二步， 把后半截的人生取出来，
　　　　　化冰以武火重新滚烫热情，
　　　　　约黄粱一梦时刻，改以文火慢慢熬。

第三步，调入养生汁通脉滋养，
　　　　抹上红润，保持恋爱的色泽，
　　　　让缘分延年益寿。

第四步，口味平淡为宜，以禅道共修，
　　　　不定期捞除浮在表面的饱和油脂以及甜言蜜语，
　　　　以防爱情胆固醇过高。

第五步，依照情况加入钙质强化誓言，
　　　　胶质坚定至死不渝，即可起锅。

功　效：补气益精，暖身防老，
　　　　可防中风、性衰竭、爱无能。
　　　　未老先衰者不宜服用。

这段文字不仅是有趣的文学创作，也很适合放在给老年人的保健食品上，或是银发族缓慢享受养生餐的黄昏餐厅。

父亲节

一提到父亲，大家可能印象最深刻的是朱自清写的《背影》，讲的是父亲送他到车站，然后买橘子给他的一段故事。文中有三段话，每个人一看到，都会想到爸爸对自己无怨无悔的爱：

我说道："爸爸，你走吧。"他往车外看了看，说："我去买几个橘子去，你就在此地，不要走动。"我看那边月台栅栏外有几个卖东西的等着顾客。走到那边月台，须穿过铁道，须跳下去又爬上去。父亲是一个胖子，走过去自然要费事些。我本来要去的，他不肯，只好让他去。我看见他戴着黑布小帽，穿着黑布大马褂，深青布棉袍，蹒跚地走到铁道旁，慢慢探身下去，尚不大难。可是他穿过铁道，要爬上那边月台，就不容易了。

他用两手攀着上面，两脚再往上缩；他肥胖的身子向左微倾，显出努力的样子。这时我看见他的背影，我的泪很快就流下来了。我赶紧拭干了泪，怕他看见，也怕别人看见。我再向外看时，他已抱了朱红的橘子往回走了。过铁道时，他先将橘子散放在地上，自己慢慢爬下，再抱起橘子走。

到这边时，我赶紧去搀他。他和我走到车上，将橘子一股脑儿地放在我的皮大衣上。于是扑扑衣上的泥土，心里很轻松似的。过一会说："我走了，到那边来信！"我望着他走出去。

他走了几步，回过头看见我，说："进去吧，里面没人。"

等他的背影混入来来往往的人里，再找不着了，

　　我便进来坐下，我的眼泪又来了。

　　看到这段文字，瞬间就能想象出朱自清的父亲翻越栅栏的辛苦画面。讲到父亲，每个人都有自己的故事，"台湾大哥大 My Phone 行动创作奖"里就有好几篇作品在讲父爱，其中一篇是爸爸留话给儿子的。短短三句话，扮黑脸的妈妈，慈祥的爸爸，似曾相识的共同记忆。

　　　　你妈还在气头上，所以我没办法帮你开门，但门没有锁。

　　还有一篇得奖作品，也是爸爸留话给儿子的：

　　　　儿子，爸爸送便当来了，请问你读几年几班？

　　我对这个作品很有感觉，因为我爸爸也是这样，工作忙到始终搞不清我跟弟弟念几年级几班。

　　我记得看过一则广告，它的文案标题是"有一种失败是很荣耀的"，照片是父亲在跟孩子打高尔夫球。父亲就算输给儿子也是很得意的，因为父亲永远都会把你放在他前面，希望你比他更好更成功。

　　另外有一篇中华汽车得奖广告也很让人难忘：

世界上最重要的一部车就是爸爸的肩膀。

我们常会看到爸爸把孩子放在他肩上，让孩子用更高的角度看世界。这句文案很动人，会让你看到父子深情的画面。

"台湾大哥大 My Phone 行动创作奖"里还有一篇文案是女儿写给父亲的，里面有一句话：

爸，如果真的那么不想去看医生的话，那么就
当成去看护士。

你现在就可以开始观察自己或身边的人与父亲之间动人的情节，然后把观察到的放进灵感库里，将来它们可以长成文案、散文、小说、歌词、电影、舞台剧等丰富的创作森林。

▷ 案例：中兴百货父亲节特卖

关于父亲这个主题有好多角度可以写，从父亲的角度、儿子的角度、女儿的角度、太太的角度，都可以写出不同的情感面向。我帮中兴百货写父亲节文案，标题是"除了怀胎十月，他做的不比妈妈少"，当时想要用几个历史上的重要名人与典故来写。

> **除了怀胎十月，他做的不比妈妈少！**
>
> 愚公把两座大山移开，
> 他的儿子们从此不必再绕路上学。
> 后羿射日，不忘留一颗太阳给孩子们取暖。
>
> 弗洛伊德想从孩子的睡姿，
> 猜出他们渴望的生日礼物，
> 所以完成了《梦的解析》。
>
> 为了回应"爸爸回家吃晚饭"，
> 西西弗斯把石头摆好，
> 回家过父亲节。

　　我重新改编这些关于父亲的故事：他们在外劳动，其实心里记挂的都是孩子。平常可以多看与父亲、父爱有关的电影、动画片、纪录片，或者是广告片。例如李安的《饮食男女》，呈现了一个满桌过剩的父爱，让女儿觉得有很大的压力。这部电影启发我写了《食物恋》中的一篇《山珍海味的父爱》，爸爸会带我们去最好的餐厅吃饭，因为这是短暂相聚时光里，他唯一能表达父爱的方式：

　　朱自清从手中的橘子感觉到了父爱，我则是在天母大大小小的高级餐厅中，从山珍海味里品尝了既昂贵又美味的父爱。高岛屋顶楼的日本料理，新光三越的泰国菜，德行东路上的海鲜餐厅，忠诚路上的铁板烧……我们一家四口各自排除万难，在每周六晚上固定吃饭，一周聚一次的时光很宝贵，爸爸虽然不会做菜，却都选最好的餐厅，叫最贵的套餐，有专人服侍配菜的优雅排场，丰足地喂养我们姐弟，以表示一周以来他量少质精的父爱。爸爸的权威从决定餐厅开始，然后决定座位、决定菜色。但他总是细心地记得，弟弟爱吃牛肉，我每餐必点汤、甜点、炒腰花，妈妈不爱油炸和高胆固醇的海鲜，以及得帮家里的狗带一碗热腾腾的白饭。爸爸乐于带着他的一双儿女外出，让别人看到我们全家幸福团圆的模样，其实大部分时间我们都是聚少离多。我们在餐桌上扩大一个礼拜最快乐的事，谈天下政事八卦，谈自己的成绩成就，谈光明的未来，我们在这么昂贵的餐桌上，向来都是报喜不报忧，思念从舌头开始，永远过饱的精致美食，真的足够我们消化一整个礼拜想家的食欲。向来给我们很多很多的爸爸，让我们在父亲节很难送他什么礼物，该好好请爸爸吃顿饭吧——我很没创意地这么想。

这原是一篇专栏文章，后来也收录进我的文学著作《食物恋》中，但同时这也可以是一篇文案，如果有一家餐厅在父亲节有促销活动，餐厅可以邀请孩子们在此好好请爸爸吃一顿饭，然后表达对他的感谢——我觉得其实文学与文案是没有办法分开的，因为只是在某些时间点上它可以变成文案，有些时候它又会变成其他创作。

此外，平时要多收集各大品牌的父亲节文案，例如："我活成了偶像，就像你当年一样"（Jeep 汽车）；"爸爸的爱总是嫁祸给妈妈"（王老吉饮品），因为爸爸经常会说"想你了，你妈说的"；还有 BLUESAIL（蓝帆）"爱要及时"系列文案——"我说流量管制飞机会晚点到，爸说怕堵车他还是会早点到"，"爸常对我说省点花，但更常说的是够不够花"……这些句子会引起共鸣，因为都是从生活中来，趁现在有记忆，把你还记得的对话情景写下来吧。

三、秋季

秋天，你会联想到什么？秋天对你的意义是什么？你度过了多少个秋天？哪一年的秋天对你别具意义？你看过哪些有关秋天的诗、文章、故事、绘画，或是听过哪些与秋天有关的音乐？你可以写出哪些颜色的秋天？你觉得秋天是什么气味？你有过哪些秋天的记忆？这些都是你的秋之编年史。

如果你可以想到这么多、这么深入，意味着你的灵感库是满的，你已经准备好许多的点子，之后只要找到相应的客户它们就可以蹦弹出去。我在写诚品商场秋季特卖文案时，也在写一部微小说《带酒逃亡的秋》，思索秋天的意义，满脑子总有各式各样的灵感跑出来。

我把充满光明和希望的灵感放进文案里，把带有小小忧伤的部分放进微小说。对我而言，创作是没有办法纯粹光明或纯粹黑暗的，实际上有光明，有黑暗，就像有白天也有黑夜。灵感满溢时可以同步创作诗歌，也可以同步写文案，因为写文案跟写诗用的是同一个灵感库。我的创作也有两面，地面上的是文案枝叶，地面下的是创作之根，同步生长，同步书写。这篇《带酒逃亡的秋》收录进《广告副作用》，其中有几句话非常具有秋天的禅意，也可以变成微电影、微短片。

带酒逃亡的秋

我是梦，带酒逃亡。
用 A 面的脸去爱，用 B 面倒带回去梦，
梦到不甜的世界甜甜的人。
甜甜的人跳过自己黏答答的影子，背着重重的家，
向一个失婚的男人求爱。
酒醉后，男人哭成高龄婴儿，酒精浓度等于零。
这朵莫斯科的玫瑰，在巴黎开成满眼的野姜，
那个被求爱的人，骑着脚踏车，
压过野姜去追年轻初恋的那个晚上，
月亮默默地给着夜晚，没有一个是他要的。

　　秋天是四个季节里最有情绪、最有故事的季节。它即将离开酷热的夏天，往寒冷的冬天移动，所以可以说是冬天与夏天的混合，不会太热，也不会太冷。秋天的树叶有很多变化，无论是枫叶还是栾树，都呈现了一种诗意浪漫的红色。秋天也是丰收后休息的幸福季节，之前提过《忠诚路上，秋是善变的》这篇文案就是以秋多变的特性来写的。除此之外，还有哪些秋的特性可以作为文案的主题呢？

秋季特卖

▷ 案例：诚品商场秋季特卖

　　对我来说，秋还有另外一个特质，就是它有"双享"的权利：可以继续享受夏天，也可以同时提前享受冬天。例如在秋天可以开始吃麻辣火锅，但还是可以继续吃冰；可以继续穿迷你裙，也可以提前披上围巾、穿上马丁靴——秋天可以同时享有夏天和冬天的时尚元素，是混搭的最好季节，不仅在穿衣上混搭，生活上混搭，在个性上也可以混搭。也就是说，在秋天你既可以像冬天一样躲藏起来，也可以像夏天一样出去冒险，一点都不奇怪。

　　我已经帮诚品写了十多年的文案，每年写秋季文案，都会想今年的秋天对我来说会有什么不一样。我发现秋天原来是一个双倍享受、双倍丰收的丰富季节。

秋之双飨，富可敌国

太阳南移，日照渐短，
候鸟开始转向，
在各地旅行的人一一回国。

你可以继续吃加蛋雪花冰，
也可以开始吃麻辣火锅。
你仍获准穿膝上贴身迷你裙，
但可以开始穿咖啡色鳄皮短靴。
不必脱掉浅橄榄无袖背心，
不过可以开始披上针织毛衣。

这是一个最接近普罗旺斯的季节。
保留夏天放肆的权利，
往来秋色的诗意，
跨时令的双重享受，
在诚品的每一个人，
都可以富可敌国地
享受双倍资产的季节。

　　把两个季节混搭，在生活中呈现出双飨的视觉景色，我的文案要让大家看到一幕一幕很混搭的秋天，所以在文案最下面还写了几行"准备秋天"的心情备忘录：准备晚上越来越长，白天越来越短；准备从夏天换到秋天的时令菜单，换服装也换心情，外面的树叶与花的颜色都不一样了……

准备上学，准备还愿，
准备变长的夜生活，准备新的体温，
准备新时令菜单，准备新装扮，准备新花种，
准备一个耐寒的木本情人，
准备好对待别人的新方式……

你对秋天有多少情绪，多少感觉，多少想象，写出来秋天的方式就完全不同——只要带着诗意来欣赏秋天，文案就会秋意动人。

中秋节

一提到中秋节，大家一定会想到月亮，古诗词中有很多关于中秋月亮的经典句子，例如李白的"举头望明月，低头思故乡""举杯邀明月，对影成三人……我歌月徘徊，我舞影零乱""长安一片月，万户捣衣声"，还有苏轼的《水调歌头》："明月几时有，把酒问青天，不知天上宫阙，今夕是何年……人有悲欢离合，月有阴晴圆缺，此事古难全，但愿人长久，千里共婵娟。"这些诗词都能勾起我们对中秋节的特别情感。虽然大家都知道中秋节是寓意团圆的最重要的节日，但投影到每个人心里却代表了不同的意义，于是每次我在写中秋节文案时都会思考，月圆或者说月亮对于地球的意义是什么？我们几乎每天都可以看到月亮，每个月都有月圆，为

什么中秋节会让人有特别的情绪呢？那是因为有嫦娥奔月，有玉兔捣药的神话故事，让我们在中秋节那天看月亮，有了像看电影一般的感觉，于是中秋节那天的月亮就特别不一样，再加上月饼、烤肉、柚子，为我们的中秋节添加了特别的味觉与嗅觉体验。

▷ **案例：诚品商场中秋节特卖**

　　呼应嫦娥奔月的故事，中秋节是在地表上的每个华人抬头望月的时间，每个异乡游子都会在这天望着满月思念亲人、爱人渴求团圆，心灵很想投奔回家。

　　我要为诚品商场写一篇文案，就势必要对月亮有不一样的说法。

地球越来越需要一个可以投奔的地方

家没有大小，有家人的地方都是团圆。
地球越来越需要一个可以投奔的地方。
地球的烦恼越多，每到夜晚一不开心，
就越需要一个可以投奔的地方，
依赖久了，就更不能失去月亮。
中秋节那天，以浪漫的缘故请半天假，
找一个有情调的地方，换一种团圆的坐姿，
用尺丈量她的最大极限，以眼神排练她一晚的行踪，

> 用想象力揣测她的神话、她的绯闻；
> 用身体感受她的潮汐……
> 为了另一种荷尔蒙的刺激，这一次要从落日看到月出，
> 以舆论证明，秋天真的来了。
> 在这个"月演月烈"的中秋节之前，
> 找到一个离家，离星星都近的奔月地方，逃走……

　　我们可以在中秋节感觉到情绪潮汐，感觉到对家的思念，或是思索自己的出处、未来，月亮有点像是距离地球最近的避风港。

　　中秋月圆是一个很重要的寓意，像是一个转折点，自这天之后，我们看到的月亮会越来越小，从月圆慢慢转向月缺，就是能量慢慢递减的过程，所以你可以许下"越来越少"的愿望，比如希望身上的肥肉越来越少、烦恼越来越少；等到新月那天，月亮开始越来越圆，你就可以许"越来越多"的愿望，比如财富越来越多，灵感越来越多，朋友越来越多，快乐越来越多。月亮跟我们每个人的情绪以及未来的愿景息息相关，所以我写了"月演月烈"，把"越"改成月亮的"月"，月亮在展演，在表达它热烈的情绪——"越"与"月"同音，本身就可以做很多转换，也会形成另外一种味道的双关语，例如"月来越美丽""月来越有趣"等。

栾树节

　　每个地方应该都会有不同季节的花、树，来给予那个城市或乡村特殊的表情。你可以想一下，自己的家乡或是现在居住的地方，春、夏、秋、冬各有哪些花或树形成了特别的样貌？当然也可以通过旅行来练习，比如去看了布满樱花、枫叶、牡丹、向日葵、薰衣草、紫罗兰、郁金香的地方，该怎么描述那种被颜色占满全场的感觉？

　　我以诚品忠诚店 10 月栾树节文案来做一个示范。10 月忠诚路上的栾树花把整条街道染成了橘红色，真的非常美。我从四岁开始就住在忠诚路上，每年最期待的就是在 10 月看整条路的花带以及地上落满的橘红色花瓣。当诚品忠诚店要举办栾树节时，我脑袋里就开满了栾树花，所以这个案子，我只需要把脑袋里的灵感从记忆中"下载"下来，浑然天成，瞬间就完成了。

天母第三次栾树情报

在森林绝迹，绿色逐渐消失的城市，
天母用一整条的栾树道，
家家户户用窗前的盆栽、
空中的花园、一楼的园艺、
手中的花束、橱窗中的玫瑰……
光复天母的绿意盎然。

> 忠诚路上，1600 棵栾树的距离，
> 恰好串联三座公园，
> 准时出炉的面包店，沿路招客的啤酒屋，
> 老是塞车的高岛屋百货、
> 一家留大面窗看树、看 Shopping 的诚品忠诚店，
> 也连接了人跟人的距离。

　　诚品忠诚店有迎面的大落地窗，坐在窗边喝咖啡、看书，会看到窗外一整排的栾树，很有诗意。我在写这篇文案的时候，基本上就是在记录我所看到的。文案提供读者各式各样的视角，比如行人走在这条路上的视角，从二楼往下看整条街道的视角，或是可以拉到更高，像是一只鸟俯瞰的视角……这是写文案很迷人的地方，像导演一样，通过文字镜头带着大家来看不同的美。

> 很少打交道的天母人，
> 在栾树上悬挂起自己的主张。
> 很爱逛街的天母人，
> 从冷气房出来就靠栾树林呼吸。
> 提早放学的小孩，
> 最先被这排栾树接走……
> 除了房子愈来愈多，
> 流行总是优先抵达的幸运外，

> 天母人还保有看栾树长大，变化的幸福。
> 就像秋天让京都一夕枫红，
> 忠诚路因为有栾树，
> 一下子所有的人和天母，
> 都染成了很舒服的酒红。
> 天母第三届栾树节，
> 10 月 10 日到 10 月 25 日为止。

　　这是我写的最舒服的文案之一，我以天母人的角度来写栾树节，当时我也主动要求在这篇文案旁边附上一张"天母栾树地图"：我先手绘一张草图，把忠诚路整条路沿街的惊喜点都画出来，希望能够附在文案旁边，给每一个来诚品商场忠诚店的人，让他们可以沿着栾树的路径去享受每一个店家的精彩。

　　我建议诚品与周边店家做串联，无论是面包店、啤酒屋，还是学校。在这张天母栾树地图上我标了几个很有生活气息的地方，比如有人会在路边卖灯、卖娃娃、卖招财猫或是一笼笼的鸟，有喷泉，有直排轮鞋的公园，有沿路招客的啤酒屋，有一所明星中学，有人声鼎沸的高岛屋百货公司，有一所很安静的聋哑学校，有一些卖名车的橱窗，有新鲜螃蟹出售的菜市场，有几间非常好吃的日本料理店，有很有氛围的露天餐厅，有天母异域风味的日侨学校，还有留着大窗可以看书、购物的诚品天母忠诚店……当时在画这张地图的时候，也希望每一个从外地来天母忠诚店的人，可以欣赏整条栾树道的美，以及特殊的生活氛围。

如果你对一个地方有深厚的感情，就不会只想写出表面的文案，你会希望向大家表达在这里生活的美好。有个小故事跟大家分享：有一个老人，他坐在两国边界，有个人要从A国到B国，他就问这个老人："请问B国好不好玩？"老人问："那你原来的国家呢？"他说："不好玩，太无聊了。"老人就回答："那B国也不好玩，很无聊。"另外一个想去B国玩的人也问了相同的问题，他说他的国家非常好玩，有很多惊喜，那里的人也非常好。老人说："那么你要去的国家也是如此。"如果你能够很开心、很骄傲地说出家乡有什么独特迷人的地方，这种独特的观点也将会带着你去探索世界的每个地方，你也能发现更多、更惊奇、更有深度的美好。

四、冬季

冬季特卖

有一年冬天，我带团到日本。有个团员看到干枯的树觉得特别感伤，我跟她说那是因为你内心有一种很深的感伤，所以看到什么东西都是感伤的，你为什么不看它美好的部分？这棵树要挨过寒冬，必须卸下所有树叶，只保留它内在最核心的生命枝干，因为只要它好好保守这个枝干，就能保护好生命的地基，等到春天就可以重新冒出枝芽，重新开花。我说，人也应该有四季，当你遇到困难的时候，就像冬天，你要保留最重要的部分，最核心的枝干，比如你与家人的平安健康，你与家人的快乐幸福，其他不必要的过多欲望和压力，或是别人投射给你的期望，都应该卸下来，只保留生命最重要、最核心的力量，等到回春、返夏，你就能拥有全新的生命。我就是这样在看冬天之必要、冬天之美的。

　　冬天对我而言，就相当于一年的尾声，开始想念这一整年下来有韵味的人、事、物。所以冬天是适合沉淀、反思的，这就是为什么秋收之后一定要冬藏，因为我们的生命也要定期有一段沉淀的过程。

▷ 案例一：诚品商场冬季特卖

　　一个商场的冬季特卖文案可以怎么写呢？冬天有哪些特质呢？可以把所有特质都写在一张单子上，依据所写的特质去找到对应的商品。冬天气温较低，冬季特卖代表售价比较低，所以低价、低温可以是一个侧重点。我在写诚品商场冬季特卖的文案时，就用了这样的标题：

> **低温低价·冬季采买计划**

　　针对这个标题，我开始找报纸的经济版，去把相关的经济用语标出来。因为我要讲的是低价、划算，而报纸经济版里有一些专有名词，比如"内线交易""交叉持股""欧元上市""强势货币""黑马股""回补""翻空收红""振兴经济景气""护盘""基本面良好""追加信心""违约交割"……我就把从报纸经济版里圈出来的关键词，配上流行的物件写了一篇具有经济版风格的文案，所以写得很好玩。

> **索罗斯对于一件日式长风衣，采取投机性的内线交易。**

　　这意味着已经打听到了诚品要冬季特卖，所以赶紧对已经觊觎很久的一件长风衣下手，仿佛拿到了内线交易的信息后赶快去买。

> **女会计师和姐妹淘们，**
> **对于湖绿锦缎外套配浅橄榄色的长裙交叉持股。**

　　有两位身材差不多的姐妹淘，她们买下很美的套装，彼此可以交换穿：今天你拿外套去配你的牛仔裤，我拿长裙去配我的白衬衫，这叫"交叉持股"，如果你写"交换穿"就没意思了，但是写"交叉持股"就有了经济版的特色。

> **外汇首席交易员趁欧元上市的蜜月期，**
> **加码买进意大利小牛皮靴作为美丽的强势货币。**

写文案的时候欧元才刚上市，趁现在正划算赶紧买意大利小牛皮靴，它以后就是美丽增值的强势货币。

> **法人选中三档流行黑马股，趁打折连续三天回补，**
> **个人形象翻空收红。**

可以找到一些流行的对象，趁打折赶快把它买回来，形象就会翻空收红。

> **政府为了振兴经济，在皮裙低档时多做护盘，**

当皮裙价钱比较低的时候，可以多买几件来做护盘："护盘"是双关语，一方面是经济上的护盘，另一方面是保护你的骨盆／底盘的意思。

> **外资则持续对于基本面良好的冬季保湿保养品追加信心。**

为什么是"基本面"良好？基本"面"也代表你的脸，为了要让你的基本面良好，可以多买一些保湿、保养品来增加自己的信心。 我在这篇文案所用的经济版专有名词都是双关语，来维持着整篇文案的风格一致。

> **盛传有人对于心仪已久的克什米尔羊毛衫，**
> **以半价之谱违约交割一事，**
> **你可以到全省 6 家诚品商场去打听。**

意思是：已经打折打到半价了，真像是"违约交割"，所以趁半价就赶快对你一直想要的克什米尔羊毛衫下手吧。

你平时也可以大量收集经济用语，在促销活动的时候很好用哟。

▷ 案例二：远东百货冬季特卖

在接远东百货冬季特卖文案时，客户给我的年度广告主题是"复古"，冬天是很容易让人反思、沉淀、回忆的季节，所以复古也刚好搭上这样的氛围。 我在想，一个人的回忆越多，代表他的生命就越丰富；一个人能复古，也代表他生命有很多值得回味的地方。 所以我就根据这个概念，来帮远东百货冬季特卖写了一篇文案，以下是节选。

> **复古就是最大的奢华**
> **一年的尾声，开始想念起很多东西。**

> 想念十多年没见的老朋友，
> 想念转角那家面摊的老师傅，
> 想念在梦里徘徊不去的老口味，
> 想念风景明信片里的老街风情。
>
> 想念，是时间给我们最美的特权。
> 复古，是时代给我们的最大奢华。
>
> 大远百华丽复古风潮，
> 把过去整个年代最美好的经典，
> 一次带回到今年的冬天。
> 就让我们披上一件古意的上海棉袄，戴上一顶贝雷帽，
> 穿一双 70 年代的印花楔形鞋，
> 在橱窗前，温存所有的荣华富贵。

　　如果你有很多的回忆，很多的老朋友、老口味、老记忆，那意味着你的生命里有很多的故事可说，你也比别人的生命更丰厚、更奢华。这里的奢华并不是昂贵的意思，而是代表很有底蕴，因为时间是最奢侈的东西。

　　客户给我的广告照片上，模特大多是穿着老棉袄但搭配着很时尚的贝雷帽，延续了远东百货复古混搭的风潮。这是一篇大型的、一整本的文案，我必须搭着同一个主题，帮每一个专区的商品类别各写一小段附属文案：

时尚服饰篇
把过去时代种种的华丽，
在手中把玩起我们自己的风格！

流行的生命越来越短，
所以轮回的速度就变快了。
把 18 世纪风格的假扣、
40 年代的蕾丝、50 年代的线条、
60 年代的格子、70 年代的缎带、
80 年代的牛仔……
全拿到今年夏冬来一次想念。
用完蒂芙尼早餐、看完《北非谍影》，
让我们开始玩吧：
把记忆中的奢华，
放在超现实主义的童话剪裁里。
把旧时尚的永恒经典，
放在新时代的游戏中架构，
做一场漂亮的蒙太奇处理。
今年冬天的复古风，
让奥黛丽·赫本、Mick Jagger、詹姆斯·邦德……
全都复活了，
在大远百的无国界、无时代分野的流行板块上，
依次温习
摇滚歌手的反叛、朋克的颓废、庄园贵族的华丽。

　　我以客户所提供的型录，把每一张照片都当成剧照在看，然后衍生成一个个活生生的人、一幕幕动态电影。所以当你在脑袋里跑出剧情人物的时候，就可以把影像转换成鲜活的文字，这个方法如果你每次遇到机会就练习，就会建好"心脑影像自动生成系统"。

流行配件篇
科技的脚步越快，
我们就越需要一个不变的美丽！

戴上有魔力的粉水晶来改变爱情磁场，
戴上吸血鬼害怕的土耳其蓝十字架辟邪，
戴上莱姆绿蝴蝶与紫罗兰花来祈福，
戴上七彩的情爱话语治疗失眠。
杰奎琳·肯尼迪的华丽珠宝，
与有灵气的水晶玉石一起流行，
有了这些美丽魅惑的行头，
今年秋冬所许的心愿，将奇迹式地一一实现。

　　首先要找出这个商场里几个代表性的商品，针对这些给它们创作故事，然后再把这些小故事串联成一个大的场景，这些是在写商场文案时很重要的点，你有没有办法把每一个品牌都复活，就像电影《博物馆惊魂夜》（*NIGHT AT THE MUSEUM*）那样？我平时去逛美术馆、博物馆也会玩"123

木头人"这个游戏，当我走过一个展厅，走着走着会突然回头看着某一件雕刻作品，想象它如果动起来会是什么样子、什么表情，它打算做什么，这种练习对于我们未来进入 VR/AR 时代提高想象能力很有帮助。

如果你能找到每个品牌背后的魔力，或是有办法拿到某产品的配方，就能写出生动的文案，可以先发在自己的朋友圈里，当你的文案可以诠释得比他们还好、还有风格的时候，自然会有很多人帮你转发，也会有品牌厂商主动来找你写文案——当你的文字有光芒，你完全不用怕找不到工作，找不到案子，因为他们会来找你，甚至你将来会变成他们的"御用文案"，你的机会是源源不断的。

圣诞跨年春节特卖

每年 11 月到 12 月，都是许多购物节活动密集的开始，从"双十一"购物节一路到圣诞节、元旦跨年、春节，各品牌厂商穷尽各种花招来吸引消费者进入节庆购买礼物的氛围。平时多多观察并积累各大品牌在这段时间的活动与造势文宣，是一种值得坚持的好习惯。

▷ **案例一：诚品圣诞节特卖**

圣诞节经常被品牌厂商拿来作为文案主题，因为它与送礼有关。你可以列出圣诞节对于各类人的意义：感恩、感谢、反思、回忆、联系彼此感情……写出你所知道的一切；
接下来列出你要写的商品、服务、空间并从中寻找交集。

提到圣诞节，我想到的是圣诞老人、圣诞袜、圣诞树、
圣诞礼物、烤火鸡……无论是对基督教徒还是非基督教徒来
说，这一天都是非常适合向帮助过自己的人表示感恩或感谢
的，大家可以互送礼物，维系彼此之间的情谊，送出对下一
年的祝福。

---

12 条圣诞的秘密通道

这是今年最后 1 次狂欢的机会。
用信用卡预支丰盛的圣诞大餐，
2 人同行，会有特别的折扣。
走进用棉花充当雪花的礼品店，
买 3 双长袜勾引不同国籍的圣诞老人。
打听最灵验的算命师，
用 4 种方法来预言明年的运势。
用想象力设定 5 种身份，
在网络上找不同的情人，
实验自己的最大可能。
在行李箱外写上 6 个最想去的国家，
并开始打电话找玩伴。
做好新的理财计划，
让明年存有 7 位数的财富。

找回 8 件丢掉的东西，

例如手表、电话本、身份证、抵抗力……

重新对待。

给情人 9 个爱你的理由，

无怨无悔到天长地久。

每天做伏地挺身，让自己多活 10 年。

从姜饼屋出来遇见的第 11 个人，

是你的前世情人。

今年最后一次钟声第 12 响，

你将有 1999 个愿望可以实现。

商场里有很多东西，每样东西都可以对应一个特别的意象，或是一个购买理由。因为圣诞节是在 12 月，所以我用 12 条圣诞秘密通道来表达 12 种过圣诞的创意方法。

在整篇文案里面，从"1"到"12"都是用红色特别标明的数字，让整篇文案看起来是可以贯穿的。在文宣设计上也把这 12 句文案当成 12 条信道，以扇形方式打开。所以在写这篇文案的时候，也必须考虑到视觉设计在版面上怎么呈现的问题。你可以针对自己的商品、空间或服务，想一下消费者是谁？你能给他们哪些过圣诞节的创意方法？或是提供哪些很有创意的方法去感谢身边重要的人？

▷ 案例二：诚品跨年许愿活动

　　有一年诚品举办跨年许愿活动，特别设计了一面墙，每个人可以画一张小卡片贴在那面墙上，大家可以走过去看看彼此的跨年愿望有哪些。跨年和圣诞节的活动都是非常好想的，我在写下面这个跨年许愿活动文案时，先在脑袋里想象，男人、女人，老人、小孩，会在这里许什么样的愿望？这是我在日本旅行时看到大家许愿的画面后得到的灵感。

找一条梦想的地平线，建一座许愿墙

找一条梦想的地平线，
把期待凝结成一块块愿望的砖，
砌成一道信仰未来的墙。
然后涂上跨年温暖的色彩，
所有的人都心诚则灵。

诚品送给每一个人的许愿墙。
请留下你的手印及签名，
或是填好一张许愿卡，
闭上眼睛交付希望，
你所有的渴求，都将如愿以偿。

▷ 案例三：诚品过年书展

　　我写诚品过年书展文案的时候，把书当成了一种粮食，可以补给能量。书的能量是无形的，也可以是有形的，能被量化成重力加速度、知识卡路里。"枕"书就是躺在书上面，可以好好冬眠……就看你对书的想象有多么不一样。你能不能通过文案，给予消费者所需要的温暖、意义、价值。

> **大过新年·枕书冬眠**
>
> 1 月 20 日至 2 月 15 日，全省发布低温特报，
> 呼吁全民做好保暖准备，预防寒害。
> 请就近至诚品书店各分店，
> 买书粮增加知识卡路里，维持体温。
> 冬眠前最后一次补粮行动，现在开始。

▷ 案例四：诚品商场跨年特卖

　　有一年诚品商场跨年特卖非常有意思，那一年的农历新年与情人节是同一天，所以我就把情人节跟新年做了一个很有趣的对照，提出了"把家人当情人，把情人当家人"的概念。这样一来，新年团聚与情人节就可以合在一起写了。

> **欢度"家"节的新家法**
>
> 情人与家人，
> 有时候是很难分辨的。

善于料理的情人，
总会想自私地占为己有，
把她变成朝夕相处的家人。

嘘寒问暖的家人，
每逢过节还是记得送花送礼，
就像是对待情人一般。

情人与家人，
有时候还会彼此吃醋，
每逢假日倍感分身乏术，
忠孝难两全。

这次，
难得遇上情人节和春节和平共存的二月，
交换一下对待情人与家人的感情模式：
和情人围炉守岁，
和家人浪漫地吃情人节大餐。

关于 1999 种欢度 "家" 节的浪漫灵感，
你可以在诚品 5 家商场，
找到用不完的幸福 "家" 法。

一样是家庭的 "家"，但也有加减乘除的 "加" 的双关语。

年度海报、卡片、月历、年历展

每年在接近年底的时候，各品牌厂商就开始准备制作来年的年历或企业定制记事本。拥有新的年历或新的记事本，像是拥有一整本新的空白支票，仿佛有了新版的人生。所以我每次都会在跨年前几个月设计主题记事本，比如《正能历》，希望用正能量的态度来过一整年；《万有引历》希望通过吸引力法则以及自己的愿望聚焦，让自己心想事成；《我镜历》通过反思，让我清清楚楚、明明白白地觉醒后过新年；《星能历》用宇宙大爆炸创生星辰的动能来创造一整年的精彩；《无限历》跳开木马程序的框限，把未来的可能性拉到无限……这是我跨年最重要的仪式，代表我想要以什么方式来过新的一年[1]。甚至在马年的时候，我还设计了《马历连梦路》——在马年连着梦想的道路，是从"玛丽莲·梦露"的音转译来的，所以非常好记。

以上这么多历法笔记本的创意想法，其实都源自最早在

---

[1] 我还设计好主题音乐，并决定要以怎样的态度、怎样的频率来做新的跨年转变。我也会为下一个年度设立新的关键词。例如，在 2017 年即将跨入 2018 年的时候，我写下了几个关键词，"跨度更大的创意，更灵敏无碍的直觉，更源源不绝的灵感，更无法预期的变动，更清晰的鸟瞰全景，全局的视野更精准而且强大，更自由无碍的行动"，作为我新年的频率聚焦。我所写的内容既引导自己，也引导着所有看到这些话的人。所以会写文案是一件很好玩的事情，随时都可以写如诗般的座右铭短句，激励大家一起用不一样的频率过新年。

帮诚品书店写月历海报卡片展时，一堆灵感迸发出来的新文体枝芽。

▷ **案例一：1997 年诚品月历海报卡片展**

> **预约 1997 年的史无前"历"**
>
> 19 岁初恋情人的卡片，
> 藏爱像藏书般地，
> 躺在老奶奶的信盒里多年了。
>
> 1945 年的月历从没拿下来过，
> 因为那年父亲过得最风光。
>
> 独居时，视为家人的心爱海报，
> 即使搬家都会记得小心带走。
>
> 一年一次的 1997，
> 一年一次的诚品月历、海报、卡片展，
> 11 月 15 日至 1 月 5 日，
> 全省 10 家诚品分店全面展开，
> 请你预购新生活态度，
> 预约史无前"历"的典藏价值。

"历"是历法，也是阅"历"，当时想强调那一年是很特别的一年。其实坦白讲，每一年都是很特别的一年，如果你用很特别的心态来看待这一年，那这一年就完全不一样。

《时间地图》里面有一段话我非常喜欢：

人年纪越大，越喜欢说时间似乎是愈过愈快。我儿子多活一年，对他来说，那就是他生命的十分之一。而如果我多活一年，那只是我生命的百分之二而已。

"时间"是每个人生命中永远的主题，某一个时刻的重要性、时间长短的相对性，因人而异。

1997 年的美丽预感

你可以给在 1994 年认识的情人，
买张 1997 年的卡片。
凭着 1995 年的美丽预感，
买一张 1997 年的海报。
为了实现 1996 年提出的梦想，
买套 1997 年的年历。

你可以在这里面大玩时间的概念，只要有时空穿越的想象力，就可以用文案带着大家一起想象，时间是什么概念，新年是什么概念。

▷ **案例二：1999 年诚品月历海报卡片展**

　　1999 年也是很特别的一年，当时谣传这一年是世界末日，
而且再过一年就变成 21 世纪了，所以我为 1999 年诚品月历
海报卡片展写了非常长的文案，长得像是一条长型海报，整
个打开来可以挂在墙上当月历：

世纪末的最后预演

如果站在 21 世纪往回看，
你在公元 1999 年所做的每件事，
都是影响新世纪的重要关键。

1999 年的一只表，
变成了电影《似曾相识》回到上个世纪的记忆入口。

1999 年网络上一夜钟情的网友，
是下一拨网络革命的重要战友。

1999 年的一本占星学，
意外发现与外星人沟通的新密码。

1999 年的一张卡片，
成为电脑用来推理《人类书写动机论》的唯一证据。

1999 年在法国惊鸿一瞥的女孩，
下一次见面可能就在外层空间。

你在 1999 年买的东西，

> 过完 2000 年，就变成了古董。
>
> 在 1999 年完工的建筑，
> 一到下个世纪就划成了百年古迹。
>
> 在 1999 年认识的人，没多久
> 就成了上个世纪却还没上年纪的百年老友。
>
> 1999 年不是 21 世纪的过渡，
> 而是未来时间表前的最后预演。
> 所以你要很慎重地挑选 1999 年的态度、朋友、理想、
> 住所、月历、海报、卡片及信纸，
> 用 21 世纪的新眼界，来诚品耶卡展
> 预购 1999 年史无前历的历史价值。

　　我把 1999 年写得非常浩瀚，好像它是跨世纪最重要的年度。其实每一年都可以找到这样的意义，对大家来讲，每一年都是生命中最重要的一年。当时我还为这篇文案写了 12 个大主题，搭配 1 月份到 12 月份，而这 12 个主题像是趋势预言，也像是一种态度宣告——这触发我每年元旦、春节都要在网络上或是在各个城市举办"跨年调频课"。

▷ **案例三：诚品台南店 7 月到 12 月时令短文**

　　我平时有诗人的兴致，随时有写诗的灵感，所以接到诚品台南店的案子，客户要我写 7 到 12 月时令短文案时，我针

对台南当地的气候氛围，以及几个文化元素，在写诗的快乐
中完成了这一组诗文案：

7 月
慵懒的热暑，
很适合信仰一种蓝色。
买几本清凉洗脑的书，
在仲夏夜的凉椅上吹风，
愉悦地，
享受依然故我。

8 月
父亲从我们很小的时候，
就教我们认识这个世界。
现在，
就让我们带着几本新书的知识，
谢谢他，
让我们诞生在这个趣味无穷的
大千世界。

9 月
与家人约好在中秋，
一如往常，
例行团圆。

这次我打算带几本，

重量级的好书，
走在月光下，
衣锦还乡。

10 月

一触即发的烟火，
指出了我们仰望的方向，
点亮了南台湾的知识文明。

全部的人都在用灵感庆生，
你在书店，
就可以捡到满天满地的灵思片羽。

11 月

苏格拉底点了第一根蜡烛，
柏拉图吹熄了，
亚里士多德接着许愿。
让我们切着知识甜蜜的蛋糕，
一起向诚品台南店说，
生日快乐！

12 月

台南没有雪，
还不必用到火炉的圣诞节，
我们仍可以围上围巾，
在火锅，

> 及一支雪白的牛奶棒冰之后，
> 抱着一本书，
> 取暖。

　　你也可以为接下来的每个月写一首短诗，如果可以为明年写一本月历、年历、天时地历，那就变成你的新产品了。

▷ 案例四：统一企业形象月历文案

　　总部在台南的统一企业看到我为诚品台南店写的时令文案后，也来找我写了一篇统一企业 40 周年形象文案，而且也是以月历格式。于是我也以 12 个月份来宣告统一企业的 12 个宏观精神与 12 个愿景主张。一个好的、有底蕴的文案创作者绝对不可能失业，因为他是无价的，他的眼光是非凡的，他能够为这个品牌、商品、服务、空间做到画龙点睛。如果你每一次都尽可能地把文案写到最好，创意想到最好，策略也非常精准，策划的活动也很有创意，甚至文案能够让大家口耳相传、互相讨论，那么你的下一个客户就已经在你面前了，你自然而然就会接到源源不断的案子。

　　什么是创意精神？就是你对这个东西完全负责，完全有感情，对它付出全部的精神、灵感与心力，把它打磨到最好，把每个作品都视为自己的孩子；当你每次都把文案写到"置顶"等级、最高标准，客户就根本没有办法去找其他的文案。

比如说你很喜欢吃面，当吃到一家非常好吃，让你回味无穷的面时，就没办法再吃别家的面了。

因为全篇文案很长，我只选两个月份的文案做范例。

统一企业形象月历文案

送给你 4 个美丽的季节、12 个活力的月份、52 个丰收的星期以及 365 天的精彩日夜！

1 月 / 梦想 Dream

因为还有未来，所以今日有梦；
有了梦，我们就有新的动力，向明天大举跨步。

凡·高说，你可以感觉到星星和无限的天空，
尽管有许多杂物，
但生活还是像一则童话故事。

70 亿人口，70 亿梦想家，70 亿进化的方向，
让地球得以每天不同，没有人能对未来准确预言。

让我们如孩子般，在未来的梦里大胆涂鸦，
把灵感发射升空，向流星许愿，
今年就是我们梦想成真的一年！

这段在讲梦想的可贵。正因为有梦想，所以一切都是你说了算，没有人能够决定或预言你的命运。这是源自我看过的关于凡·高的纪录片，里面提到，为什么他的画里总是出

现星星、天空、太阳，那是因为生活本身是如此琐碎，所以
人总要望着天空，给自己找一个喘息的出口。

---

8 月 / 感恩 Thanksgiving

Melody Beattie[1] 说，感恩能展现出生命的全貌，
它让我们拥有足够和更多的东西；
它让否定变成接纳，将一道菜变成一场盛宴，
一幢屋子变成一个家，陌生人变成朋友……
感恩为过去注入意义，为今天带来平和，
为明天创造视界。

感恩，就是珍惜我们所拥有的一切，然后心存感激。
只要这一秒心还跳动着，
我们就应该感谢天、感谢地、
感谢生命、感谢家人，

感谢自己！
就如同 13 世纪德国哲学家 Meister Eckhart[2] 所说，
如果生命中唯一的祷告词是"谢谢"，那也就够了！

这个"视界"是视野的"视"，世界的"界"，为我们明
天创造新的视野之意。这一段是提醒大家要随时保持感谢、
感恩的能量状态，因为它会让你创造一种完全不同的格局。

---

[1] 梅洛迪·贝蒂，美国"共依存"关系专家。
[2] 埃克哈特大师，中世纪德意志著名神学家。

课后
练习

┃ 如何写出有氛围的节庆文案？

1. 善用"心脑影像自动生成系统"，勾起视觉感官记忆。

2. 随时随地记录各种颜色的描述方法，因为文案经常需要用颜色来做卖点。即便是白色这么简单的颜色，同样可以写出各式各样有景深有个性的文案。

3. 文案本身要呈现出一种态度，让消费者认同的文案才能引起共鸣。

4. 我们自己才是风格的决定者，文案要有一种引导作用，带领每个人找回自主、自信、独特的自我。

┃ 练习题

通过旅行练习撰写有季节感的文案。如果一个景点布满了樱花、枫叶、牡丹、向日葵、薰衣草、紫罗兰、郁金香，你要怎么描述这种四周被颜色占满的感觉？

如何写
活动式文案

身为一位文案工作者，有时不能只是写出好文案，在初期策划过程中，也要帮忙想一些有趣的活动，因为我们在想文案主题概念时，往往相关的系列活动也会跟着出来。要怎么写好一个活动文案，让消费者看到之后不仅有购买欲望，还有购买行动力，而且参加完活动之后会变得完全不一样、变得比以前更好？如何把一个活动的档次拉高，甚至变成对社会有意义的活动？如何写一个能够感动自己，也能感动消费者的活动式文案？接下来我们会以具体案例来跟大家分享：如何写出栩栩如生的活动文案。

一、促销特卖

▷ 案例一：诚品旧书拍卖会

诚品书店敦南店要搬家，搬新家之前，原址那些书如果能够拍卖掉的话，就会省掉很多搬运的人力成本。所谓的旧书并不是书旧，而是这些书已经出版了一段时间，现在还在书架上。我首先想到的是：为什么像古茶、红酒或古董家具，都是越放越值钱，书反而是放得越久打的折扣越多？我很感慨，看起来书的典藏价值不如茶、酒、家具，但实际上将来书一旦绝版，反而会更值钱。

> **过期的旧书，不过期的求知欲。**

　　虽说这些书不是当年刚出版的新书，但因为这些书到现在还留在书架上，表示它们还是可以被回味、典藏或传世传家的智慧与经典。所以"过期的旧书，不过期的求知欲"，意味着只要有求知欲、好奇心，无论这本书出版多久，只要它够有价值，就应该把它买回家典藏。对我来说，知识与智慧是不会过期的，因为那都是我们生活上会用到的，通过这篇文案，也希望大家能够思考书的永恒价值。

> **过期的菠萝罐头，不过期的食欲。**

　　为什么文案一开头会写"过期的菠萝罐头，不过期的食欲"呢？当时我看了《重庆森林》，里面有一段剧情，大概是这样：金城武在等候他的女友，于是就买了一堆即将到期的菠萝罐头，等待爱吃菠萝罐头的女友回心转意，可是到了保质期到期那天，女朋友没有回来，所以他一个人就把所有的菠萝罐头吃光了，颓废地倒在许多空菠萝罐头中间。当时我在想，为什么他只愿意等到那一天？难道那一天之后，他女朋友就不会回头了吗？另外，这些菠萝罐头难道过了期之后就不能吃了吗？人们设定的食物保存期限，或是爱情保存期限，是不是很独断？就跟我们定义书过期或不过期意思是一样的。

> **过期的底片，不过期的创作欲。**

在那个年代，人们还是用胶卷底片在拍照，所以我认为即便胶卷已经过期，但只要你有很强大的创作欲，还是可以继续拍摄想要拍的作品。但现在人们已经不需要胶卷了，都是用手机相机，我在想，正因为不必再买胶卷或再付冲洗费，反而让我们的拍摄变得浮滥，而不是过去那种还要斤斤计较这张照片是不是值得拍的状态。

> **全场 5—7 折拍卖活动，知识无保存期限，**
> **欢迎旧雨新知前来大量搜购旧书，**
> **一辈子受用无穷！**

如果你遇到旧货拍卖活动，会怎么思考"旧物"与人们的关系呢？

▷ 案例二：天母诚品跳蚤市场

天母诚品店举办九天期的跳蚤市场，就是要把一些已经在货架上放得比较久的商品拿出来促销拍卖，同时也鼓励天母当地人把自己家里不需要但还不错的东西拿出来放进跳蚤市场流通，为这些物件找到新主人。这个活动很有画面感：有的人去那里捡便宜，用不贵的价钱把喜欢的东西带回家；

有的人把家里不再用的东西拿出来跟大家交换，为家做断舍离以腾出空间。于是我在思考，人与物的关系是什么？为什么有些东西你当时很冲动地把它买回家，但过了一段时间之后就对它没有兴趣了？很多人变得很"快餐"，不管是感情、友情还是物质，新鲜感很快就过期了。电影《美丽事，残破世》[1] 的文案也提到类似的概念：我们总是便宜行事地用物品的噪声来掩饰"人与人"共处困难的内在恐惧，只要不停止消费就可以避开寂静的恐惧，"自我感觉良好"，一切都会没事。《美丽事，残破世》没有为复杂的问题给出简单的解答，但它诚实地承认了我们跟"物"之间永远摆脱不了的暧昧关系……生命的起源是安静的，也终将在安静中结束。

当人们已经不再喜欢这个东西的时候，或许把它拿出来，为它找到第二任主人是最好的出路。我希望通过这篇文案，让每个人更珍惜他们手上拥有的一切，无论是东西、感情还是人际关系。在这篇文案的创作中，我受到日本服装设计师山本耀司的影响，他说：

> 要完成一个地道、有旧衣质感的服装，要等十年。我想开始设计时间，比如设计旧衣服、旧东西、旧家具，所有可以包含时间的旧对象。

---

[1] 意大利电影，别名《一些美好的事物》。

　　如果我们对于时间以及对人与物、人与人的关系有比较深度的思考，那么文案就可以写得很有底蕴。

人与物的保存期限

用过即弃的雷诺圆珠笔，
用过即弃的爱情，
用过即弃的弹簧床垫，
用过即弃的寒暄，
用过即弃的保暖袋，
用过即弃的虚荣，
用过即弃的问候，
用过即弃的现代人大量抛弃的物质，
凡事过了三个月的保存期限，
就彻底地失去忠诚。

在文化高度传染区里，
办一场属于文化人的跳蚤市场，
期待你我在旧货堆中找到艺术，
在旧鞋里发现脚的生命，
在旧照片里面体悟新情感，
带着发现宝藏的惊奇，
在世事难料、风云不测中，
把永恒感找回去。

　　我们来延伸思考：比如有一家咖啡店，它专门陈列一些

怀旧的家具家饰，来营造整个咖啡店身处在古老年代的氛围，我们该如何为这样的空间写一篇气质相符、让人睹字思情的文案呢？如果想写一个有怀旧气氛的咖啡馆的文案，就不能只是写咖啡馆而已，还要把时间、记忆、历史、情怀写进去。如果由我来写文案，我会先观察这家怀旧的咖啡馆里有哪些老东西：老的收音机、老的电话、老的椅子、老的桌子、老的冰箱、老的电视机……我会一边看一边做记录，把这些物件线索都变成文案鲜活的素材——我可以通过老电视看到老的记忆故事；打开老冰箱找到老的口味与情感；坐在老椅子上，找到自己祖父母生活的样貌；手持一只老茶壶，喝到一整个时代的故事……我可以把咖啡馆里很有想象力的体验，化成一句一句活灵活现的文案，让自己看戏，同时也让看文案的人有画面感。

▷ 案例三：诚品敦南店搬迁文案

如何把自己的生活经验与活动主题结合在一起，让自己写出很有感觉、别人也很触动的文案？我当时正在搬家，诚品敦南店也因为房东要涨房租而搬到隔壁。他们委托我写一篇搬迁文案，我想，"搬迁"有什么好写的？只不过就是搬家而已，我还说："那你们就把房东要涨价的那封通知信放在文宣上变成文案好了。"他们说不行，那样很没有气质，身为诚品要很优雅地搬家，所以他们希望我写一篇很有文化气质的搬迁文案。于是我开始深度思考搬家的哲学意义。搬家会让人有一种非常复杂的心情，必须把每一样东西都拿出去盘点，决定哪些要丢掉，哪些要打包，哪些要放置在新空间的什么位置。有限的纸箱，大量耗损的胶带、奇异笔……搬得走画、照片、书等有形的重量，却搬不走风景、人的气味、混合着对话的空间、上班时间出走的流浪心情、第一次约会的甜蜜……一边打包一边回想很多在这个空间里的记忆，比如好友们的聚餐、聊天，所有开心与烦恼的记忆都在这里搬不走。好朋友一时失去联系，过几年后他们若回来找我，而我已不再住在这儿，他们有可能从此就找不到我了，所以我用搬自己家的心情来写诚品的搬迁文案，立刻带入了感情。

我思考的第二个层面是：诚品书店搬家，搬的不只是书，搬的是一整座的文化剧场，搬的是作家笔下的人物与场景。如果搬的是《哈利·波特》这本书，那么对于一个有视觉想象力的文案而言，就形同迁移整座魔法学校；如果搬的是梭罗的《瓦尔登湖》，那么搬的不是一本书，而是在搬整个湖景——如果你把书还原成一个个立体的时间、空间场景，还有人物与故事，那么书店的搬家就不是一个普通的搬家事件，它不像"家乐福搬卫生纸、尿布、拖把……"那样的概念，只要这样联想，就能够写出鲜活有视觉感的文案。

在构思诚品书店搬家文案时，有几个字从我脑海里跑了出来：喜新念旧、移馆别恋。平常我们说的是"喜新厌旧"，但我想把这个"厌"改成想念的"念"，意思是喜欢新的，但还是顾念旧的。同时我也把"移情别恋"改成了"移馆别恋"。

喜新念旧·移馆别恋

租约到期，覆爱难收。

情非得已，喜新弃旧，不要怪我移情别恋。

旧爱是负担，新欢是解放，

旧衣要回收，新装有看头，

旧友谈交情，新友谈投资，

旧屋有回忆，新家有期待，

旧的不去，新的不来，

所有旧的人事物还没消失，

都留在随时随地的想念里……

文宣背面文案：

加缪搬家了，马尔克斯搬家了，

卡尔维诺搬家了，莫奈搬家了，

伦勃朗搬家了，毕加索搬家了，

瑞典 KOSTA BODA 彩色玻璃搬家了，

英国 Wedgwood 骨瓷搬家了，

法国 HEDIARD 咖啡搬家了，

可可诺可皮件搬家了，

金耳扣大大小小的娃娃也要跟着人一起搬家了。

这篇文案呈现的是作家、画家在搬家，还有骨瓷、咖啡、

皮件、彩色玻璃、娃娃……都跟着一起搬家，这样的文案就很有视觉感。事实上对于每一个曾经来过诚品敦南店的消费者来说，他也在搬家，他原来对旧空间的记忆、情感与故事也都得留在原来的空间，带不走。后来这篇《喜新念旧，移馆别恋》的文案很成功，3万多份的文宣页在很短时间内就被拿空，而且创下了台湾书店史上的三大纪录：第一个是营业时间最长，长达18个小时；第二个是人潮最踊跃，在当天就挤进了2万多人；第三个是凌晨三点买书都还要排队。可以说这个案子从文宣到活动都是非常成功的。

此外，针对"喜新念旧，移馆别恋"，商店办了一个旧馆留言板活动。关于留言板，我们会想到自己曾在毕业纪念册上的留言，网络上有些同学留的有趣留言变成了金句："跟你唯一的合照，就是毕业照；跟你唯一的情侣装，就是毕业服""以后嫁给我这个姓夏的，给孩子取名夏克（下课），这样老师就不会提问他啦""别放弃你的梦，继续睡啊"……你平时也可以思考关于"留言板"这个很能延伸思考的主题。

旧馆留言板活动：听到哔一声之后，请留话

火车站留言板上分手情人的留话。

公司留言板上 PIZZA 的外送电话。

PUB 留言板上口红印和 Heineken 的啤酒盖。

在搬家之前，诚品留一面 15 英寸 × 21 英寸的墙，

> 作为收集每一个人思念、不舍和等待回音的
> 情绪留言机。
>
> 9 月 30 日之前如果你会来诚品，
> 麻烦你听到哔一声之后，请留话。

　　我只是想借着生活在这个城市的人的心情、留恋、挣扎、不舍、兴奋来共构一个大规模、有感情的搬家事件。当时还想了一个有趣的活动，就是在旧馆放一个大留言板，大家舍不得的情感可以留言在上面。这个留言板上也有一段文案，是用留声机的概念来写的，感觉就像有了声音，有了动态，有了情感。

> 你不在，所以留言给你，
> 告诉你我新家的电话，
> 告诉你我新办公室的电话，
> 告诉你我新申请的手机，
> 告诉你我新的地址，
> 告诉你我的新生活。
>
> 搬家是为了要逃避旧生活，
> 但我却真的舍不下你。

　　我在写这个文案时非常有感觉，因为把自己的心情写了进去。空白的留言板最后被大家填满了各式各样的涂鸦与留言，

留言板被搬到了敦南新馆。一个活动如何凝聚大家的感情是很重要的，本来只是一件因房租涨价被迫搬迁的事件，但是赋予感情之后，反而凝聚了消费者的感情，继续延续这样的缘分。

▷ **案例四：诚品敦南临时馆**

诚品敦南店搬到新馆后，我们马上就开始准备下一阶段新开幕的文案。这篇文案非常重要，等于是这个地方的新定位，也相当于一个人刚出生，被赋予了新的名字，而这个新的名字就是他新的样貌，让新版的诚品有新的状态来面对新的客人。对消费者来说，进入了这家新馆，人生也有翻篇似的转变。

在新馆正式开幕前，有临时卖场，就是所谓的试运营。在新的还没成形之前，临时是必要的，如临时停车、临时动议、临时保姆、临时空间……所有的临时都有非常时期的非常必要，所以我为诚品敦南店新馆临时卖场写了这段文案：

> **临时之必要**
>
> **在道路正式通车之前可以走临时便道，**
> **在新国家未形成之前可以成立临时政府，**
> **在法律未公布之前可以拟订临时条款。**
> **所有的"临时"都是存在于旧秩序之后，**
> **完美形成之前。**

> 在敦南新馆未正式开幕期间，
> 诚品的临时卖场，
> 1995 年 10 月 10 日起为你先行服务。

▷ **案例五：诚品敦南新馆开幕**

　　临时卖场的文案完成之后没多久，诚品敦南新馆就要开幕。当时我写的标题是"9999 种繁衍生活的创意方式"，意思是这个诚品新馆提供了近万种有创意的新生活方式，书籍、家具、家饰、服装、鞋子等，有态度，有个性。如果你带着情感写一个开幕文案，仿佛这家店是你成立的，甚至于你把它当成是自己的店，就很容易投注情感，就像是为孩子命名，规划未来的蓝图，也像是要创造一个新世界、新格局、新篇章，而且要让它立体化，栩栩如生地在你脑袋里展演一遍，之后将它落实成文字。

> **9999 种繁衍生活的创意方式**
> **米兰·昆德拉与费太太相见恨晚，**

　　米兰·昆德拉是一个作家，费太太是一个果汁品牌名字，在这里你可以喝果汁，也可以同时看米兰·昆德拉的小说，它们被同时放在这个空间里，本来是不相关的两个人，在这里却以一个非常有创意的方式遇见了。

Hediard Café [1] **与诚品家具趁夜团聚，**

诚品的咖啡与家具在这里有一种新的会面，新的情感空间。

Parker[2] **钢笔与** Picasso[3] **再次相逢，**

钢笔与画家的画在这里可以变成一个新的混搭。

需求重计疆界、感官互通有无，

当消费者的需求已经改变，整个诚品新馆也会变得不一样。

张爱玲式的恋物情结复活，
22 次强烈狩猎的暗示不断，
请带着生物的直觉，
全方位释放你的欲望，

---

[1]　法国咖啡店品牌。

[2]　派克，钢笔品牌，始于 1888 年，被称为"现代书写工具创造者"。

[3]　毕加索，著名画家。

> 诚品敦南总店，
> 有 9999 种繁衍生活的创意方式。

　　建筑师将新馆构想成一个图书馆，楼层变多了，楼面变宽了，因而改变了诚品爱好者的阅读习惯；消费者的需求改变，生活消费的作息也随之改变，甚至整个城市空间的文化取向都受到影响，加入了流行的嗅觉、人文的触觉、感官的味觉……新文化资源已经开始。所以我必须帮每个楼层写下几个短句，来定义这个空间的文化氛围：

> **书店·诞生·创世纪**
>
> 这座城市还很新，很多东西还没有名字……
> 诚品书店 ESLITE BOOKSTORE[1]，
> 以欲望别，而非以物件别来分类，
> 一个盛产心灵粮食的精神集散地，
> 诚品书店，开始起源于敦化南路，
> 仁爱路口，1989 年迄今。
> 小剧场表演、舞蹈、绘画、摄影、面具展、纪录片、
> 旧书拍卖、古书交易……
> 所有关于宗教的、性别的、节庆的、非节庆的，
> 欢迎东区的知识劳动者，中产阶级、另类文化迷，

---

[1]　诚品书店的英文店名。

無產階級的流浪藝術家，非真理教徒的
精神狂熱者，
自主地在誠品書店集結，
或是事先不聲張地祕密前來。
早上 11 點至晚上 10 點，
這里都有台北最新的事件發生。

2F 誠品書店

文字鄰國界，信息零時差。
在廣大的知識頁岩中提供礦源。
誠品書店以最廣域的書香，交換你的品位。

　　知識頁岩，有點像是一層一層的岩石的感覺，其實書也是這樣，一頁一頁也相當於土地一層一層展現知識的累積。礦源代表提供很丰厚的知識的礦產。在這個知識零時差的地方，通過文字與信息，讓每個讀者都有很丰富的收获。

GF 美饌 · 風尚

食物戀的起源，三角形的味覺地圖，
在這個小小的世界上，
唯一能喚醒你的，只是一種簡單但獨特的味道。

"食物恋"不是"链"，是恋爱的"恋"，一方面是"食物链"的双关语，另一方面代表你和食物之间的依恋关系。我在 1999 年写的"食物恋"这三个字，后来也用作我一本书的书名。

B1 创意 · 生活

品时工业下生活体验空间，保留创意最盛期，
与你重质不重量的相处。

在 B1 创意生活区，我写了品时工业，就是品味时间、体验生活的意思。

B2 艺术 · 人文

创意自治，艺术自立门户，
你灵感的潜意识层，现在出土。

我会用一些比较特别的动词，比方说"自治""自立门户""出土"，让这个空间有一种动态或一种事件感，所以平常要累积各式各样的动词，尽量不要用一些旧的动词。举例来说，艺术人文区的"你灵感的潜意识层现在出土"，如果换回比较平常的说法"这里可以刺激你的灵感"，你听一下有什么不同？是不是"出土"比较动态，仿佛是从底下把潜能与天赋挖掘出来？这种动词搜集并做有创意的转换很重要。

▷ **案例六：《诚品阅读》买一送一促销文案**

　　店家或者是电商经常会推出"买一送一"的特卖活动，只要用一份价钱就可以买到两样东西，"买一送一"很容易吸引消费者，但要怎样才能把"买一送一"写得有气质、有文化呢？《诚品阅读》杂志想做一个促销活动，就是买一本新的，就送一本旧的杂志，但不能把诚品写得像是买菜送葱那样廉价，所以我想，如果是诚品的消费者，他们"买一送一"真正的需求是什么？于是我反思自己也是一个"贪小便宜"的人，比方说我在买面包的时候，一样的价钱，一定会挑刚刚出炉的那一个，因为刚刚出炉的面包比较好吃。也就是说对"买一送一"，我要升华到"完美主义者品位的偏执坚持"。当"对买刚出炉的法国面包，要求附赠一束阳光的人"这句文案出来后就可以用这个句型往下写：

买一送一的特权

对买刚出炉的法国面包，要求附赠一束阳光的人。
对看电影，要求附赠一辈子回忆的人。
对买房子要求附赠空中花园的人⋯⋯

　　你也可以继续接力这个句型："对⋯⋯要求⋯⋯"来作为你的文案灵感库的定期补给。

▷ 案例七：《诚品阅读》买 12 得 16 促销文案

后来《诚品阅读》做了第二波营销活动：订阅一年送两本，订阅两年送四本。但为什么不直接写买一年送两本，买两年送四本呢？因为这样就看不出来《诚品阅读》的深度了，所以我用村上春树、夏娃的诱惑、张爱玲式的祖母上衣……来营造很"诚品"、很"奇幻文学"的氛围。我写"1+1大于 2"是一种很特别的诱惑游戏，让你觉得好像很聪明地赚到了，关于数字，你可以用一种很有味道的写法：

6+6 等于 16 的意外，请您验算！

1 只黑羊加 **1** 只白羊，等于 **2** 本村上春树的剧情，

2 颗红苹果加上 **2** 颗青苹果，等于 **4** 种夏娃式的诱惑。

3 杯鸡加上 **3** 杯 Chivas[1]，等于 **6** 次饮食过度的情伤。

4 轮传动的吉普车加上 **4** 套换洗衣物，

等于 **8** 次精神性出走的疲惫。

5 件张爱玲式的祖母上衣加上 **5** 条世纪末梦幻项圈，

等于 **10** 场上海服装秀的颓废。

6 本《诚品阅读》加上 **6** 本《诚品阅读》，

等于 **16** 次大量提领精神食粮的挤兑事件。

---

[1] 威士忌。

我是受彼得·格林纳威的电影《逐个淹死》的画面风格影响，他让"1 到 100"这一百个数字分别出现在浴室、船、苹果、鞭炮、帽子等电影元素上，把数字和物品放在一起之后，它就有了特别的意义。

这篇文案是有视觉的，仿佛从杂志里跑出来的动物、植物、故事情节、神话人物，变成一种很混搭的加法，所以我才写出"一只黑羊加一只白羊，等于两本村上春树的《寻羊冒险记》"，也把消费者可能会在晚上吃夜宵三杯鸡，加上三杯 Chivas 的酒，享受夜生活，然后去找灵感的生活形态一起写进了文案里。

很多商场或店家会做促销特卖，有时候我想，如果这些特卖的文案由诗人来写可能会更有味道——同样的东西，你可以用更深入浅出的方式表达出来，讲得非常有美感、有深度、有内涵，这意味着你看世界的方式如此与众不同，这样才有办法带着大家以诗意来看这个世界的美。也就是说，提高文宣的美学档次，是文案工作者的责任。

平常可以这样练习：就你今天所看到的促销活动，无论是商品的特卖，还是某商场的周年庆，或是网络店家的购物节，看看有没有办法用更有深度、更有哲思、更美的方式来写。很多人以为讲得很有诗意别人会听不懂，那是因为太低估了大家的美学档次，而且是不负责任的借口。我去很多国家旅行时，看到特别是欧洲、日本的广告，真的做得非常好，即使是贴在墙上、路边、电线杆上的一篇文宣，从句子到美术设计都非常迷人。某一年夏天我去冰岛，在冰岛机场看到一幅广告，画面上是日落月升的海边粉彩美景，文案是"我们为你留下一盏夜光，等你回来——冰岛"（Iceland — We'll leave the light on for you the whole summer），将冰岛的长昼之夜与家人留夜灯等你回家的温情结合得如此诗意优美。

　　你可以就你所生活的地方，练习写一篇欢迎观光客的文案。

二、征文活动

▷ 案例一：诚品《看不见的书店》征文活动

　　一些品牌或厂商经常会办一些征文征图征选作品的活动，以奖金、奖品来征求好的体验心得、点子、作品，并赢得关注度，所以征文是艺文类文案常见的形式。既然要征文，那么征文的文案就不能写得太差，否则就找不到好作品了。

　　我最早写的一篇征文文案，就是诚品书店搬家期间征集大家对新书店的构思想象，也希望通过征文来收集大家对于未来书店的看法、意见和期望，所以我定的活动名字叫作"看不见的书店"。因为当时有一本书卖得很好，就是卡尔维诺的《看不见的城市》，讲的是一座脑海中虚构想象的城市，所以这个征文我就以"看不见的书店"来命名，代表每个人脑海里想象的书店，都是别人还没看见的：

> ### 看不见的书店
>
> **所有创建一座书店的欲望，**
> **所有关于一座书店所创建的各种欲望，**
> **都即将在这里发生。**
>
> **这是一座"看不见的书店"，**
> **它是全新的，**
> **你可以尽情地提供新书店的期待，**
> **幻想，欲望，改革意见……**
> **成为书店的主人。**
>
> **形式不拘。**
> **你可以借用任何的文字、线条、颜色、影像，**
> **描绘纵驰梦想的、幻丽奢华的、异想天开的、**
> **私密个人的、异国偶遇的……书店，**
> **我们不限制所有书店风情展现的可能性。**

　　为什么要设定这样的征文活动？因为每个书店在成立之前，都承载了很多人对知识智慧的渴望，所以趁这个书店还没成型前，通过这个征文来收集大家对于未来书店的想象蓝图。

　　我记得当时主办方收到的作品非常特别，有文字、有模型，参赛者把脑中狂想的书店真的做出来了。让我印象很深刻的一件得奖作品是一个立体的魔术方块建筑，所有的方块都可以转动，通过转动形成不同的空间组合。此外，为了号召"看不见的书店"作品，我自己也写了一篇梦想中那一座看不见的书店：

我脑海中那一座看不见的书店

如果有一座书店有气候，有气味，有情绪，有突发事件，不是中央统一空调的恒温书店——中午有雷阵雨，下午有伊斯兰教徒跪地礼拜，地上有香港地下铁的三彩路线图，墙上有街景，电线杆，码头，气象台，旅馆和电话亭，傍晚有葱爆牛肉和麻油腰花的腥香……

如果有一座书店，是市集，是另一种形态的菜市场，可以买到刚从打字机打出来的，像面包刚出炉般新鲜的情绪，可以买到一摊摊散装的书页，只选择合自己口味的各种素材。例如，可以选择夏宇《摩擦。无以名状》中的"橘色条纹寓言"，再配上尼古拉斯·柯瑞奇的《流行阴谋：名牌时装帝国游记》的序——完全依照今天的口欲，或是不自作主张地参考"书店食谱"，计算知识卡路里后均衡选配都可。然后用菜篮到柜台称斤计两，并享有随意抓几把葱、几头蒜、些许酱油为作料之顺手牵羊的小小犯罪快感。如果要附带水果的木箱，箱底用波特莱尔的诗屑丝，衬着抵消搬运时的摩擦力，只需要再加 100 元……

所有创建一座书店的欲望，所有关于书店所创建的各种欲望，都将在这里发生。

我多么希望真的有一个书店是有气候的，可以提供拆书自由搭配的多元选择。当时这个活动非常成功，主办方收到了数千件精彩作品，也提供了关于新书店的很多想象和灵感。

▷ 案例二：台北文学奖征文活动

"台北文学奖"的主办方希望我能写征文活动的文案，所谓的"台北文学奖"，就是希望所有的台北市民都可以参与写作。

公元 1999 年 · 文学复活纪

老人在地铁上写乡愁，上班族用薪资单写冷暖。
总机在办公室里写恋情，会计用财务报表写兴衰，
医生在 X 光片上写生死，电脑工程师用网络写梦境，
摊贩在夜市里写生活，美食家用食谱写逸乐，
工人在鹰架上写城市，邮差用地址写流浪。
没有书桌前的文学，只有柴米油盐的文学。

> 世纪末 1999 年，当文学全面复活，
> 我们需要更多的生活新鲜切片，人的实况，
> 需要一首在红灯前塞车的诗，
> 需要一段在煮菜时煮出来的散文，
> 需要一篇在股票收盘后，长夜失眠的短篇小说……
> 需要全民写作，所以我们举办台北文学奖。

　　每个人都有自己的人生情节、情绪故事，灵感无所不在，随时都是写作的时间，没有所谓的专业作家，全民都是作家。你可以留意目前几个重要征文活动的文宣，来练习思考如果是你会怎么写文案。

▷ 案例三：2017 年、2020 年广告金犊奖作品征集

　　广告金犊奖，就是让还在大学念书的学生们，依据主办方所提供的商品或服务的主题，来创作平面广告或者影片来竞赛。当时主办方希望我帮他们写一篇文案，让所有想要一展身手的学生把好的作品投过来参加征选。当年恰有几部很当红的电影，如《超体》《奇异博士》《惊天魔盗团》，电影中的主角展现了"超能力"的境界，而创意就是一种不同于平凡思考的超能力。

创意就是超能力

奇异博士打开平行时空的虫洞，
创意人也会，
他们能向未来借愿景，
也能开启多维度镜次元的奇幻视界。

露西能读整座城市人的信息，
创意人也会，
他们通晓消费者的心，
也读得懂客户藏在心底却说不出口的需求。

惊天魔盗团的魔术能力，
创意人也会，
他们能无中生有，
也能大规模地在每一个人面前变幻万千。

创意就是无所不在，无所不能的超能力。
你只要专心练功，
金犊奖就是你进步神速的修炼场！

　　《奇异博士》里有一幕是多次元汇整，时空像万花镜般在眼前全方位地打开，所以我构思出了"镜次元"这个新词，也代表能够开启多维度、多次元的奇幻"视"界。

　　我用了当年很有代表性的几部电影：一部是《奇异博士》，他们有超能力能看到未来的愿景；还有一部是《超体》，女主角会读心术，能读取每个人的心思——创意人也会，因为他必须读懂客户的心、消费者的心。于是，我就用这两段来表达"创意就是超能力"的时代来了。

诞生一批 2.0 创意新人种 @2020 金犊奖

整个世界，一夕之间翻篇换了版本。

以前列预算，现在盯流量。
以前练文案，现在修颜值。
以前看微博，现在刷抖音。
以前录节目，现在开直播。
以前冲分店，现在拼电商。
以前广告叫卖，现在网红带货。
以前找媒体报道，现在求粉丝关注。

创意人，此时此刻，有了新的样貌，新的定义：
诗人的纤细敏感，艺术家的偏执美学。
科学家的多维脑袋，教育者舍我其谁的使命感。
慈善家想要世界变得更好的狂热。
都整合在创意新人种的血统书之中。

如果少年的你有着哪吒的叛逆，
想带着地球流浪到宇宙蹭热点，
你就是头号玩家逆行的领跑者。

请迎前来站在金犊奖的迎风口，
以创意黑科技刷屏整个新世代。

▷ **案例四：台湾政治大学广告系招生**

很早以前我帮自己的母校台湾政治大学广告系写过一篇招生文案，标题是"广告是所有人一生的必修课程"。我刻意不把广告当成专业，而是把它扩大为一门人生学，因为里面的每一个科目在每个人身上都非常好用。

我把当时广告系的八个重要科目列成小标题，每个小标题都隐喻成人生必修的学习项目：

广告，是所有人一生必修的课程

学营销

用科学的方法，在最快的时间内，找到自己无可取代的人生位置。

学摄影

在电影院中学风格，用镜头练眼光，除了看面相之外，让自己比以前更会看人。

学市场

喜欢服装，又爱电影，迷恋乔丹，又对跑车疯狂，
来不及等轮回，又没本钱当演员，
想试遍 365 行，广告让你熟练每一种市场的吸心大法。

学公关

左右逢源才能够面面俱到，
学几招到哪都能打通关的技巧，
把自己变得更友善是道德的。

学创意

为了激荡出与情人的新相处方式，
我们必须不停地动脑。

学美学

多一点美学常识，增加自己的可看性，
比美容更有效。

学传播

为了不让猫在钢琴上昏倒，[1]
你需要钻研更高明的沟通技术。

学电脑

学会电脑上谋生的 99 种新方法，
现在申请电脑创世纪的原住民还来得及。

　　当我把广告系变成每个人必须上的科系时，这篇招生文案我就写得很顺手。如果你要为自己的母校写招生文案，你会怎么写？

---

[1]　"猫在钢琴上昏倒"，是当时司迪麦口香糖流行的广告文案。

▷ **案例五：台湾大哥大"行动短信创作文学奖"**
　　　征件

　　诚品书店有一段时间与台湾知名电信商台湾大哥大合作举办了"行动短信创作文学奖"。过去我们的文学分为新诗、散文、小说……但是当我们有了手机之后，短信就变成了新的文学形式，所以要帮这个新文体写一篇征文活动文案。

让我们持续在灵魂层面上，高速笔谈！

你怀里的手机，
是我以爱与思念，
守护你的精神保镖。

对着手机边走边写，
24 小时卿卿如晤，
如招供般地发短信给你，
随时随地进行我们的马路文学。

以感动淬炼出香醇隽永的短句，
复兴五四时代，
徐志摩短如诗浓如酒的灵魂极短篇。

让我的文字，
追上你移动的速度，
让我们持续在灵魂层面上，高速笔谈。
陪着忙碌会议的你，在高压的片刻被一则笑话逗开心，
陪着想狂野的你，盛装夜赴嘉年华会的狂欢，

> 陪着不想说话的你，安静地登上山。
> 陪你到老，陪你走天涯。

这段是我的视觉经验。想象一下，如果你在手机上打一段文字发过去，对方可能正在慢跑，发过去的文字还得追上他慢跑的速度，这就是所谓的文字可视化。

> 听不到你，看不到你，
> 于是我们以文字来作为无声的同步心电感应，
> 无论你人在哪里，
> 我都能够借着你的手机，
> 循线找到你，
> 全天候守着你的存在。

当我发短信给自己心爱的情人、家人，这些文字就陪在他们的生活和工作空间，无论他们是在开会、运动，还是正在独处中享受安静，你的短信都已经在他们手（机）里面了。

> 短信文学体，开启了科技文艺复兴时代，
> 人手一机，
> 就是我们彼此串联爱，
> 无阻地传递感动文字的新接口！

> **第一届诚品·台湾大哥大"行动短信创作文学奖"，**
> **已经开始。**

　　我常看到很多人边走边低着头打字，仿佛在进行一种马路文学，边走边传输着自己的心事，或是与对方沟通信息，所以才会写"24 小时卿卿如晤"，宛如对方就在自己的心里、身边或是对面。因为大家在手机上沟通比书信快很多，几乎快要等同于心电感应的速度，只要这边一写完发送，对方就可以同时收到，而且沟通是通过网络，就相当于在空中，或者可以讲抽象一点，像彼此的意识瞬间完成了交流。

　　手机短信其实是最接近诗的文本形式，因为它必须短，而且精练，所以我才会提到徐志摩，在我看来，短信也等同于新诗。如果是由你来写"行动短信创作文学奖"文案，你会以哪些新的概念来阐述呢？

▷ 案例六：台湾大哥大"歌曲铃声创作奖"征件

　　当时台湾大哥大的行动短信创作文学奖还另设了"歌曲铃声创作奖"，也就是来电铃声的音乐创作，所以我写的标题是"让我们持续在感官层面上，互相聆听"。这个标题是要与前面"让我们持续在灵魂层面上，高速笔谈"成为一个系列。因为它是铃声，所以用"聆听"。

让我们持续在感官层面上，互相聆听

我们之所以真正幸福，
是因为只要一思念，
就可以随时随地聆听到彼此。
你的忧伤，你的独语，你的秘密，你的渴求，
你的愿望，你的兴奋，你的甜蜜，你的感动，
我都能通过手机直播频道，
听到你，
可说与不可说的，
心情现场。

当这个世界只剩下声音，
我们就拥有了，
视觉的最大想象力。
想象你的爱，你的歌声，
在海边，
在海王星，
或者是在海鲜餐厅，
都可以成立。

　　我们听到对方的声音，其实就是把对方放在自己身边的空间里，或者是把自己放在对方所处的空间中，但这个空间是想象的，是揣测的，并不是当下看到的，既真实又虚幻。声音是真实的，但场景是推论出来的，将场景犹如身临其境

般建构出来，把有的没有的都要写进去，这是写文案的一项重要能力，也是写文案的过程中一个很好玩的地方。

> 于是我有了，
> 把你的声音，
> 放在宇宙任何一角的最大特权。
>
> 第一届台湾大哥大"歌曲铃声创作奖"，
> 让你的声音不再寂寞，
> 让所有的人于各自所在的场景，
> 想象你、听见你！

正因为第一届的文宣非常成功，不仅吸引了很多优秀作品前来参赛，而且在当时也引发了很多的话题。你现在可以练习，如何以"声音"为主题来构思相关的文案。

▷ 案例七：第三届台湾大哥大"行动短信创作文学奖"征件

写了第一届征件活动之后，我接下来又写了好几届台湾大哥大行动短信创作文学奖征件。这对我来说是很大的挑战，因为每一届都要写得不一样，所以当时我写的第三届的文案是这样的：

穿越时空的爱，比历史更久、比诗更浓

几世以来，我对你的爱未曾改变，
以前一笔一画地着墨我的挂心，
把思念透进纸的岁月底，
奔驰千里，经过数日数月，
你才收到我要你吃饱穿暖的叨叨絮絮。

现在的爱可以很实时，没有时差，
每一分秒的思念，化成一整幕动心的字句。
耳边的细语从此不再经过第三人，
以光速抵达，比飞鸽传书快。
只比心电感应慢几秒！

我的爱不害怕表白，
说不出口的，都以手比照心跳的震动传给你，
无论你的样貌、心情、所在位置，如何变幻无常，
只要你的号码不变，我的文字就可以穿越时空疆野，
认出你正在阅读的脸。

第三届台湾大哥大"行动短信创作文学奖"，
在整个地球上空征寻情书、家书、
与所有人共鸣的铃声。
无论你想表达自古以来多少世、多么深的情事，
请一律在公元 2009 年 7 月 20 日午夜 12 点之前上传，
所有人将见证你永恒的爱，比历史更久、比诗更浓。

在没有手机之前，人们以纸和笔通过人、马匹或飞鸽传书，来完成传递书信的过程。但现在思念对方的时候，就可以随手编辑短信传给对方，直接通过手机传到对方面前，不用经过第三人，也不需要经过漫长的旅程，就像是一整目（幕）的动情字句。如果要你练习以"恋爱""情书"的概念写文案，你会怎么写？

▷ **案例八：第五届台湾大哥大"行动短信创作文学奖"征件**

到了第五届，也就是 2011 年的时候，我又开始思考新的主题：如何把当下这一年视为人生最巅峰的一年，并通过手机短信来记录？

2011 年，以手机传诵我们的巅峰盛世！
你的人生将到达一段：
截至目前最璀璨的高峰，
2011 年就是！

手机短信代表我们当时的思考，代表当时的人际关系，代表当时生活、事业的状况，如何让手机成为我们个人史最忠实的记录者？手机有点像是古时的史官，真实地记录着我们生活的每一个片刻、心情和事件。

> **在每个奇异点上创造出你真正想要的命运高峰、**
> **你个人的奥运会，**
> **并与你所创造的一切合一。**

我们每一天、每一分甚至每一秒都要做很多决定，每一个决定也都代表当下的状态，以及我们会往哪个方向走，所以我才写"每一个奇异点"。你的每一个选择，会创造出真正想要的生活的命运高峰，一切都取决于你的决定。所以我希望借着这篇文案提醒每个人：如果带着知觉把每分每秒都视为最重要、最珍贵的，清晰地决定自己要往哪个方向走，仔细地记录所有的情绪轨迹、爱的轨迹，就像是你在创造自己个人巅峰的奥运会，那么你的命运就会完全由自己主导，这个手机短信的意义将会变得非常深重。

> **你需要采用短信体，**
> **呼吸、思考、走路、工作、吃饭、聊天、度假、**
> **阅读、观察世界、写字、哼唱、写诗、说故事、**
> **与所爱的人相处……**
> **做自己命运的冒险家、感动采集者、爱与幸福的记录员，**
> **以笔记、情书、家书的形式，**
> **记录命运瞬间的峰回路转、两人之间的柳暗花明，**
> **以及家人精心安排的最值得回忆的美好旅程……**
> **此刻的你就已与前一秒的你截然不同，**

> 所有的惊喜转折点，
> 在你的手机上将成为最新鲜的史料。
>
> 当我们每个人都顺利登上了制高点，
> 站上了至今以来的最高海拔，
> 我们就能在各自的顶峰上，
> 看到更恢宏广大的版图；
> 在云端上同时目睹并书写下永恒。

　　我把手机短信扩大成个人史那样的规模，意味着你的命运是真的非常不一样，这就是片刻即永恒的概念。往往有些时候我们的生命到了一定阶段，再回头看那几个重要的里程碑，就会发现命运如同电影《15 点 17 分，启程巴黎》中的一句对白："有的时候不知道为什么，人生自动就会把我们推往下一站。"如果每分每秒都以最好的状态生活，那么这个状态就会带你一路往上、往好的方向流动。

▷ 案例九：第七届台湾大哥大"行动短信创作文学奖"征件

> **2013，你梦想纯度最高的这一天！**
> 如果说 2012 是毛毛虫的末日，
> 那么 2013 就是蝴蝶的新生！

Marilyn Ferguson[1] 说：进化不是逐渐添加东西，
进化是真正的转变，是基本结构的重组，
如果骨头的结构没有跟着改变，
那么翅膀一点用处也没有。

不要用旧思维、旧结构，日复一日重复昨天的轨迹，
每一天都是全新的机会，可以重新看待自己、
重新对待自己所爱的人，
每一天都是一次清醒重生、灵魂骨架重组的过程，
你做的每一个新决定，就是跳进新生活版本的起点。

你怎么过今天，就怎么过一生！
你用什么态度过今天，就会决定这一天的版本与结果，
一天下来就天差地别，甚至有的人、有的国家，
就因为这一天而翻转了整个命运——
从你今天拿起手机写的第一个字、说的第一句话、
记录的第一段影片开始……
就与昨天的你彻底不同，与众不同，
主宰自己的生命演化，活出此生最美好的一日版本，
今天就会是蜕蛹张翅最关键的一天！

春天的第一口气息，是从一朵花开始的，
让我们从自己的这朵花，开启新世界，
用铃声召唤大家，以短信串联爱，
拍影片触动每一个人觉醒，

---

[1] 玛丽琳·弗格森，美国著名作家。

> 我们就是主笔自己未来命运的作家，
> 编导未来更美好的创世纪导演。
>
> 第七届台湾大哥大"行动短信创作文学奖"，
> 现在已经开始记录：
> 你梦想纯度最高的这一天！

这段文字是我在新年时写给自己的一段话，也写在我的记事本里面。当我要写一段激励人心的文案时，就可以把这段放进来，意味着我带着大家一起用全新的结构与态度来过新年。

我觉得写文案真的不只是一份工作，它是一个让自己以及周围的人都变得更好的途径。所以我写文案的第一个准则就是，我能不能开心地写完，让我比之前更开阔，或是更能够回到生命的轴心，更能够发现这个世界美好的地方，更信任周围的每一个人？也只有这样，看文案的人才有办法越来越好，包括采用这篇文案的客户，也会越来越好。

▷ 案例十：第八届台湾大哥大"行动短信创作文学奖"征件

在写这篇文案时，我正在开授"天赋与行动力"课程，所以就用这个概念写了一篇台湾大哥大的第八届"行动短信创作文学奖"征件文案。

天赋创作欲，就是我们分享的行动力！

生命从未停止变动，每一次呼吸，
每一个步伐，每一回的起心与动念，
决定与行动都是崭新的。

智能型手机已经将我们的生活，
革命成一个全新的纪元，
改变了我们的语言形式，
蜕换了我们的沟通内容，
酿成了我们的新艺术潮流。

手机就是我们第一线的发言讲台，
情话密室、密友群团、协商场域、导演镜头，
也是我们新图腾的原创洞穴，
我们以科技向上天取回了演化主权，
成功兴起了一个新文明，
每个血气方刚的年轻人，都能随心所欲高速创造出
接下来一切无法预期的惊喜，
一针见血地传递前所未有的时代价值。

　　这篇文案算是承前启后，承继之前文案的风格，但主题需要特别加上创作与艺术，所以我把手机形容成"发展自己新文明的洞穴"。我不希望手机只是用来沟通，它也可以是一个创作平台，可以记录小说灵感、正在写的诗句、一幅绘画、一个艺术作品的草图，或是一个电影剧本的初稿记录。

手机就是我们的创作平台——科技，它不一定会浅化我们的视野，但有时候却可以深化我们的人生，就看你怎么用，水能载舟，亦能覆舟。我希望通过文案来激发每一个看到这篇文案的人，让他们记起自己的天赋，而且可以善用手机。

▷ 案例十一：第二届 BENQ 明基真善美数码感动创意大赛征件

如何把科技写得有温度、有人情味，甚至很有个人的独特性，这正是我在思考的部分。

BENQ 明基主要生产大型的液晶电视显示器、投影仪、台灯、喇叭等，他们当时也举办了一个数码感动创意大赛。它跟台湾大哥大不同的是，比较重视影音效果、故事性这些方面，包括镜头和屏幕的画质，所以，针对这种创意大赛，文案需要特别强调以下这几个元素：

你的私人史，
自 2007 年起将被正式纳入，
浩瀚永存的数码文化史中！

生命悠长，但记忆只容许片刻留存，
此时此刻，
让我们相约 2007 年 7 月 21 日 24：00 止，
为精彩的前半生暂作总结。

让我们端详彼此曾发生过的：
心念的反差、情绪的光谱、故事的色温、感动的景深、
知识的轮廓、智慧的角度、梦想的焦距、创意的快门、
以五张明信片大小的窗口，
向全世界展现你生命中截至目前，
最独特惊艳的五间 SHOW ROOM[1]。

这是一场自科技盛世以来，
最大规模的灵魂盛会：
你还没说出、尚未被浏览的心路历程，
将会找到千万人一起调频追随；
你的私人史，
将被正式纳入浩瀚的数码文化史中，
广传永存。

当时的活动到 7 月 21 日的午夜 12 点截止，所以我就用这个时间，作为与大家相约一起留存前半生记忆的节点。

为什么会用"心念的反差、情绪的光谱、故事的色温、感动的景深、知识的轮廓、智慧的角度、梦想的焦距、创意的快门"这些词？我研究了关于影像屏幕的一些专有元素，比如反差、光谱、色温、景深、轮廓、角度、焦距、快门，如何把这些比较理性的硬件元素和有生命力的东西进行搭

---

[1] 展示厅。

配？能够创造出来的生命情绪以及故事有哪些？

此外，我再针对刚刚的元素写出另一组：心念、情绪、故事、感动、知识、智慧、梦想、创意，把感性的关键词与理性的元素交叉放在一起，就会看到比较特别的写法："心念的反差、情绪的光谱、故事的色温、感动的景深……"为什么是"五张明信片大小的窗口"？因为它的征件规格就是五张明信片大小，所以我把它视为生命的展示橱窗。

我希望通过这样的比赛，一方面让大家反思自己的生命，另一方面也让这个品牌成为大家分享生命感动故事的平台。

▷ 案例十二：第五届 BENQ 明基真善美数码感动创意大赛征件

后来客户继续找我写了第五届 BENQ 明基真善美创意大赛的征稿文案。当时客户给的主题是"记忆"，他希望明基能够为客户保留记忆，所以我必须重新思考什么是记忆。我记得那时候我在欧洲旅行，刚好看见一个名为"失恋博物馆"的地方，就是失恋的人把不想再留在记忆里的东西放进这个博物馆里，我在那里买到一块"失恋橡皮擦"，它上面的一段文字是："可以擦掉你不愉快的记忆。"同样，我们也希望保存好的记忆，于是我写了：

记忆纪元

想要以后能够回忆起来的事，
就写下来吧。

想要以后忘不掉的人，
就拍下来吧。

未来想忆，现在就记。
旅程此刻还在颠簸，但总有一天会远离颠倒梦想，
现在行进中的日月寒暑，全拍下来，
明天再参。

情绪此刻还在沉浮，但总有一天会上岸观浪自在，
今天想不通的爱恨情仇，全写下来，
明天再悟。

记录下来的兴衰都是永恒经典，
与时间无关，
全都沉淀在你生命岩积层里。

能再挖掘出来的，
不是痛苦早已被风干的化石，
就是智慧光芒极耀眼的晶钻。
为了不让记忆被时间冲逝，
现在开始以图文来写历史记载。

我们的生命就像时间的层积岩，你看岩石的剖面，会看

到当年的气候状况，每一层都有不同的色泽、质地、纹路；我们的生命也是如此，每一秒、每一分、每一天都在累积自己的岩石层，独一无二如同钻石一般珍贵。

有的时候生活节奏太快，还来不及沉淀，所以我们就把许多事、许多人随手记下来、拍下来，等到自己比较空闲的时候，拿来反思或参悟。明天如果想要拿来作为回忆，现在就要做记录——但依照我的经验，可能一直都没有那个明天，因为大家一直都在很忙很忙的状态里，所以我建议每个星期至少找半天时间，来反思一下这周做了哪些事情，遇到了哪些精彩的人、事、物，并检查这岩石层剖面有哪些是你想要留下来的，哪些要做更改，哪些想要继续纳为你的长期记忆或是收入永恒的储存软件里。

三、送礼

一年到头有各式各样的节庆，无论是情人节、父亲节、母亲节、感恩节、教师节，还是伴侣的生日或是结婚纪念日等。我们有无数个送礼的理由，所以"送礼"几乎是每个文案创作者一定会碰到的主题。

你现在就可以开始想，你在什么情况下，想送什么礼给谁？或是如果在网络上填写愿望清单，你想要写什么？还想帮谁完成愿望？

送礼这个概念可以扩大成感谢与感恩，谢谢某个人对我们的照顾，或是谢谢某个人愿意倾听以及帮助我们。当你用情感深度来想这个事情的时候，它就不再只是一个买礼与送礼这么简单的商业活动，它其实也是一种情感的交流，还有能量的平衡，因为对方为我们付出太多，所以我们要表达感谢之意，这个回馈是很重要的。如果你持续对某个人很好，他从头到尾都没有任何的感谢和回馈，你会不会有一天觉得疲乏？我们当然不是为了要得到对方的回馈才付出，但是如果他表达感谢，我们会觉得很温暖。

同样，对我们付出的人，我们应该随时随地表达感谢，这感谢可以是口头上的、卡片上的一段文字，也可以是送礼。

▷ 案例一：诚品敦南礼品节

为了写诚品敦南店的礼品节文案，我先去观察了诚品商场里卖的物件，包括日记本、钢笔、手表、卡片……把这些物件都抄在笔记本上，然后把我想要表达感谢的意思，对应到每一个商品。如果你要写一篇以"感谢"为主题的文案，必须弄清楚你写的是商品还是服务，它的本质是什么，然后把这个和感谢合在一起聚焦，这才是你要呈现的文案概念以及下笔的力道。

下面这个"又一章"就是又一个篇章的意思，也代表我们随时随地都在感谢，随时随地因为有人的照顾而翻起了另一篇章，我是以自己要感谢的立场来写整篇文案的。

关于送礼的又一章

**期待一本全新的日记，
谢谢自己熬过万念俱灰、心碎买醉的日子。**

　　文案的第一句话并不是感谢别人，而是要感谢自己，感谢自己度过低潮的那股勇气以及起死回生的奇迹。一本日记可以带我走出最低谷，因此送礼不一定是指送别人，还包括送给自己、犒赏自己。举例来说，我在写一本书，有很多时候也会遇到拖延症，想偷懒去看看电影或是跑出去玩，写作进度就会被耽误。所以我一向是先把计划做完，在每一个计划完成之后给自己一个小小的犒赏，这犒赏可能就是下午茶或者旅行。此外，我在年底时会买日历型记事本，帮自己重新规划新生活、旅行或者写作，所以我就用这样的心情来写这两句文案。

**期待一支快乐的钢笔，
谢谢孩子平安度过夜夜提神，日日煎熬的高考。**

　　看到同事因为正在高考的孩子而陷入焦虑，但是又帮不上忙，所以我在想，等孩子高考后，他妈妈可以送给他一支钢笔，算是慰劳。

> **期待一只忠实的手表，**
> **谢谢情人时时陪伴、追随焦虑、忧伤或忘情的每一天。**

我们送表给情人，让他每时每刻都佩戴在身上，当他要看时间时也等于看到你对他的爱情，而且它就绑在他手上，是一个永远的陪伴——将感情注入每个礼物之中，送礼物也就代表着将自己的一部分送给了对方，这就需要温暖的想象力。我们平常可以观察什么东西容易被作为礼品，为之写一段文字或文案。

> **期待一张手工的感谢卡，**
> **谢谢员工夜以继日、抛妻弃子地加班。**
>
> **没有节庆的 7 月，没有公开送礼的理由，**
> **诚品敦南店提供每一个想找借口额外感谢的人，**
> **一个"秘密布局惊喜"的筹备处。**

▷ 案例二：诚品书店 8 月卡片展

诚品书店 8 月卡片展是指所有的卡片设计都在这个月份的特展里展现出来。

当时，我去诚品书店看各式各样很有创意的卡片，拿一个记事本把所有卡片上令我惊喜、刺激灵感的部分都记了下来，比如一些有趣的涂鸦，在卡片封面放一颗红豆表示思念，甚至把一些虚拟的化石镶进卡片里……回去之后我就根据笔记完成了这篇"纸上生物馆"的文案。

创意盛期 · 纸上生物馆

梦的痕迹涂鸦在 16 开的粉彩纸上。
辣椒风干在 200 毫米长的道林纸板上。
白垩纪的鱼拓印在原始的云石纸上。
红豆则养在 190 磅浅绿色的海藻纸上。

卡片是一座座简化的生物馆，
不活了的花、草、昆、物一一得道，
升华成纸上标本，
用另一种速度在开花、行走，和人的感情，
进行无声的光合作用。

开发生活的最盛期，
无声的光合作用，保存各种最官能的创意，[1]
8 月 14 日起，百种美日法进口的卡片，
在诚品多情演出。

我记得有一些小辣椒被"种"进卡片里，还有一些小灯安装在卡片里……这些都是我写这篇文案的重要视觉灵感。当时我还要了所有的纸张样本，如果我说"辣椒被贴在卡片

---

[1] 是指最有感观的创意。

上"，那么这句文案就没有诗意了，我要写的是"辣椒风干在200毫米长的道林纸板上"，因为"道林纸"这三个字有道路的意象，所以这句文案可以让人仿佛看到辣椒被挂在道路两边的树上。也就是说，我在选择纸张与物件的对应关系时，必须考虑纸张的名字能不能呼应所选的元素：涂鸦应该在粉彩纸上，鱼化石痕迹就该在云石纸上……我把卡片当成一座简化的生物馆，营造一种生物生长的感觉。你现在就可以练习：如果由你来写海报、卡片展的文案，你会怎么写？

课后
练习

▌ 如何写出让消费者"心动不如行动"的文案？

1. 文案要刺激消费者的感官，这一点很重要，创意人必须懂得如何置身于客户和消费者的心脑之中。
2. 文案需用深入浅出的方式表达商品、空间、服务的美感、深度与意涵。

▌ 练习题

练习为促销活动撰写文案，无论是商品特卖、商场周年庆还是网络店家购物节，尝试用更有深度、更有哲思、更美的方式来传达。

如何写品牌形象、商品包装、公益活动文案

一、品牌形象文案

一篇成功的形象文案，对一个品牌是非常重要的。形象之于品牌，如同名字之于人。接下来用几个案例，分享如何构思企业形象文案，或是为商品、服务拟定核心精神、定位、风格、面貌、名字……

▷ **案例一：诚品书店 12 周年庆时成立网络书店**

诚品书店在 12 周年庆时成立了网络书店，为网络书店写文案时，我要思考有什么是网络书店有但实体书店没有的。我必须把网络书店最重要的特点表达出来。第一，网络书店可以放进无数本书而不占任何实体空间，所以不会受制于租金、仓储、营运成本；第二，它没有打烊时间，任何时候都可以通过上网进入网络书店，不必走路、坐公交、坐地铁。

网络书店之于实体书店，在时间上、空间上、种类上是更自由的、更无限的，所以我为诚品网络书店想了一个很诗意的标题：《知识已经无法放进一张地图，所以我们给你一个网址》。我将"巨量的书本放不进书店"转换成抽象的说法，就是"知识放不进一张地图"，所以给你一个无限量的网址，意味着知识与智慧无穷无尽。

因为这是诚品网络书店的第一篇形象文案，所以这就是它的风格定位，也可以说是它的面貌、它的名字。这篇文案很长，我当时阅读了大量跟"书"有关的书，试图让这篇形象文案展现出它的世界格局。

> **知识已经无法放进一张地图，**
> **所以我们给你一个网址：**
> **www.eslitebooks.com**
>
> 诚品 12 年，诚品全球网络元年。
> 3 月 6 日周年庆暨发表酒会，全面狂欢庆生中。
>
> 全网创世纪，
> 公元前 3 世纪，埃及亚历山大图书馆，
> 在港口拦截并一一誊收往来船上的所有卷轴，
> 收藏了十万卷，全世界的书。

　　这段话源于我看到的一个典故。亚历山大大帝想要征服全世界，他在埃及的亚历山大港建立了一座图书馆，规定所有经过的船必须将船上所有的书卸下，找人誊写一份放进埃及亚历山大图书馆，因为他认为要征服全世界不能只有军队，还要拥有全世界的知识，所以我希望诚品网络书店能有亚历山大图书馆那种"收藏全世界知识"的野心。

> 中世纪的欧洲修道院，
> 为了古希伯来经文卷轴在书架上
> 应该直放还是横放争论了上百年。
>
> 书与书架互成垂直，然后层层架构如网的野心，

> 满足了人的求知欲，却放不下书店有限的藏书空间，
> 所以我们得找一个地方，
> 一个既深且广，时间与空间不设限的知识矿藏处，
> 自由 Hyperlink[1] 你的出口，
> 以光学阅读一本书的永恒价值，
> 带着所有不满足的灵魂，
> 找到所有思想的智产，
> 不让任何一本数年心血的作品，
> 在商业的高度夹缝中瞬间消失。

　　一本书在实体书店，会有空间陈列的问题，比如放在前面比藏在角落更容易被人家看到，但在网络书店你可以依照自己的兴趣输入关键词，通过搜索找到相关或类似的一连串的书，比实体书店所能够看到的书更多，而且没有所谓的书本直放还是横放的困扰，更不会因为这本书太少有人知道就不会在网络书店里出现。

> 21 世纪之初，
> 科技继承了亚历山大图书馆收藏、
> 以及让全世界知识各得其所的野心，
> 所以我们成立了诚品全球网络。
> 没有什么事物能活得比书久。

---

[1]　超链接。

就像 Henry Petroski[1] 说：书架的用途是书决定的。
在这个世纪，诚品决定用这种方式收藏更多的书与文明：
我们找到了可以放无限本书的空间，
并且正在努力让她富足。

半夜无助时，
你可以在这里找到哈利·波特的最新冒险；
白天困顿时，
在办公室的电脑桌上就能找到荣格的灵魂出口。
我们将要找齐，
千年以来人类已产生的灵思与自然的启示，
然后用创意的、有主题的观点分类，
辅以深度评论、延伸思考，
建构一个有趣的知识系谱，
让你在大规模的搜寻路径中，
享受触类旁通遇见一本好书的惊喜。

这将是一个在你眼前的国家图书馆、
万神殿、藏经阁、读书市集，
也是你的私人书房、独处修道院、
心得告解室、创作室、社群交流沙龙，
和一间自我取"阅"的享乐室。

William Ewart Gladstone[2] 说，
在一个摆满书的地方，没有人会感到孤单。

[1] 亨利·波卓斯基，美国作家。

[2] 威廉·尤尔特·格莱斯顿，英国政治家。

> **诚品书店 12 岁成年礼 vs 全网元年出生礼**
> **虚实满足你意识与潜意识的读书欲。**
>
> **知识已经无法放进一张地图，所以我们给你一个网址：**
> **www.eslitebooks.com。**

网络书店比实体书店还多了时间的自由，当你面对网络书店时，它就像是一个收藏丰富的国家图书馆、被所有作者包围的万神殿，收纳古今中外的藏经阁、万国图书市集、私人书房、自己独处的修道院⋯⋯为什么是修道院？当你在看心灵成长类书籍时，你就是在跟这本书独处，这就是修道院的概念。网络书店也可以是告解室，意味着你在读一本书时，仿佛在跟作者私语，跟他告解你内心的秘密。此外，网络书店既是社群交流的沙龙，也是自己取"阅"自己的密室，你对"书"和"书店"的想象有多丰富，这篇文案就能带你走多远。

▷ 案例二：台湾富邦艺术基金会形象文案

如何帮文艺、文创类基金会或讲堂写一篇形象文案呢？富邦艺术基金经常举办与艺术相关的活动，比如展览、讲座、论坛、艺术市集⋯⋯因为它是大规模的企业形象文案，所以我给它四大主题：时间、创意、艺术、气味，每个大主题都有一系列的文案。如果你要写一个大型企业形象文案，必须先抓到一个核心点，像是先长出主树干，再建构几个枝干出

来，每一句文案都要紧紧抓住企业的核心精神，让这棵树茂
盛起来。

> **我们应该把每一天，**
> **献给艺术所带给我们的每一场生命奇迹！**

　　我们每天都应该与艺术做有趣的激荡交流，以此来丰富
我们的生命。

> **时间**
>
> **在我们生命中有若干个凝固的时间点，**
> **卓越超群、瑰伟壮丽，**
> **让我们在困顿之时为之一振，**
> **并且弥漫于我们的全身，让我们不断爬升。**
> **当我们身处高处时，激发我们爬得更高，**
> **当我们摔倒时，又鼓舞我们重新站起。**
>
> **——[英]华兹华斯**

　　时间对我们的意义是什么？这段话就是我写进文案灵感
库里面的名言。

> **人生是一场美丽的旅程，在每一次不经意地驻足时，**
> **艺术便在我们眼前，慷慨地展现一望无际的惊奇。**

富邦艺术基金会自 1997 年开始，
已经举办了上百场的展演与讲座，
所有由精彩生命所分享出来的惊喜，
已经在上万人的生命中，埋设了几个重要的时间点，
在他们心灵需要蜕变或升华时，
悄悄地发生了作用。

富邦艺术基金会不只是一个艺术展演中心，
还是一个让生命交相激荡的场域，
每日每夜，进行着希腊哲学家所谓的"实践的幸福"。

艺术基金会的活动、展演，实际上是帮每个人的生命埋下很多精彩的地雷，当生命需要被激发时，这个艺术的惊喜就会爆开来，在低谷时为之一振，帮我们实践每一天的幸福！

创意

我的感官需要重新调整，来体会夜晚坚实的土地，
风的感觉，以及沉静的声音。

——[英] 阿兰·德波顿

创意是什么？
就是换一种全新的目光看世界，
就如同普鲁斯特所说：
真正的发现之旅，不在于找寻新天地，
而在于拥有新的眼光。

以一种新的高度、新的速度、新的向度望着我们的生活，
一年不再只有四季更迭，一周不再只有日夜交替，
一天不再只有 24 小时生灭，
我们可以用佛罗伦萨的月光，布置家的温馨，
用济慈的眼光来对待情人，
踩着马勒《巨人交响曲》的节奏去上班，
以伦勃朗画一幅人像素描的时间，
端详家中的老奶奶……

富邦讲堂，请了建筑、艺术、美学、
宗教、文学、旅行、美食……
各领域的名人，
为我们看世界的眼光，做了一场一场生动的导览。
于是单调不变的视野转换了，
我们的日子突然变得丰富多彩。
新的意义从我们旧的观看模式中挣脱出来，
这是他们为我们趋于常轨的生命旅程中，
所做的最大革命与冒险。

　　富邦艺术基金会做过很多与创意相关的活动，比如创意市集，所以创意也是他们基金会很重要的主题，它提倡以创意来汰换平常单调的眼光，让人们用艺术或有创意的眼光，来看原来的生活，引导大家过一种不一样的生活。《旅行的艺术》这本书里有许多关于旅行视野的转换，以及多层次思考

人生的角度，是一本文案创作者的必读书，非常值得一看，
推荐给大家。这里引用书中我很喜欢的一段话：

> **艺术**
> 伦敦是没有雾的，
> 因为惠斯勒把雾画了出来，
> 伦敦才有雾。
>
> ——[英]王尔德

　　这句话说得非常棒，在一个城市里人们行色匆匆，不会
觉察什么时候有雾，顶多就是雾霾时觉得呼吸不顺而已。在
英国伦敦，有雾是一个常态，常态到很多人都忽略它，以为
雾是不存在的。正因为画家惠斯勒把雾画了出来，伦敦的雾
才被大家看到，这就是艺术的价值，带着我们看到自己习以
为常、经常忽略的身边的美。

> 艺术，以一种独特的生命形式，
> 传递着艺术家从灵魂底层蔓长出来的情绪与价值，
> 引发了我们灵魂深深的颤动。
>
> 霍姆斯说：伸展至新思想的心灵，
> 绝对不会再回归到其原先的视界。
> 艺术家眼中的世界，是如此的与众不同，

于是我们有了一双奇迹般的眼睛，
有了一张全新的生活地图，
就如同卡尔维诺在《看不见的城市》中所写的：
艾斯玛拉达的居民，免于每天走同一条路的厌烦。
在阶梯、驻足台、拱桥、倾斜的街道之间上上下下，
每个居民，每一天都可以享受由一条新路，
抵达相同地方的乐趣。

富邦的艺术小餐车，
已经为我们上了很多道庆典般的灵魂飨宴。
艺术以各种新鲜的形式，
在人与人、人与城市之间流动着。
让我们在没有规则的梦境中，尽情尽兴地游戏着。

气味

一阵突如其来的香气，
唤起了波戈诺山区湖畔的童年时光……
另外一种气味，
勾起了佛罗里达月光海滩的热情时光……
第三种气味，
让人忆起全家人团聚在一起的丰盛晚餐，
炖肉、面条布丁和甜薯。

——[美]黛安·艾克曼

相信大家看到这几句话，就仿佛可以闻到这些气味，或者看到美食的样子。

> **艺术，以一种无条件的美，**
> **将你与他人形成一种感动的联系，**
> **这个世界便以超乎你想象的方式，**
> **展现出它的大千风景。**

艺术不是一张静止的画或雕塑，其实它是一种美的能量，一种可以串联你、其他人以及与这个世界的联系的方式。

> **这里不再是一个博物馆，**
> **是一个可以听到呼吸与话语，**
> **可以闻到人与作品气味的艺术市集，**
> **世界上没有比气味更容易记忆的了。**

富邦艺术基金会办了很多场艺术市集，你可以闻到花的气味、食物的气味，或者是颜料的气味。

> **在这里，我们都变成了好奇好动的孩子，**
> **眼前的一切，都成了爱不释手的玩具。**
> **就如同英国桂冠诗人梅斯菲尔德所说：**
> **在快乐的日子里，我们变得更聪明。**

这就是我为富邦艺术基金会写的形象文案。只要你想得比客户还多、还深、还广，你的文案提案通常就会一次通过，也省掉日后还要修改的时间。当你把文案写到最好，客户就会一直找你，案子就会源源不断。

▷ **案例三：台湾莺歌陶瓷博物馆形象文案**

这篇是我写过的最难，也是最长的文案。台湾莺歌陶瓷博物馆当时找了三位作家，分别写陶瓷的过去、现在与未来，他们希望由我来写未来馆的部分。在接这个案子前，我对陶瓷一点概念也没有，但这段文案又很重要，因为它会被刻印在莺歌陶瓷博物馆的墙面上。他们给了我一大沓关于陶瓷的工业报告，里面全是资料与公式，我是一个学文科的人，只能想办法用诗意的方式，来看这些非常生硬的陶瓷工业报告。

既然要写一篇未来馆的文案，我写的总标题也必须扣着"未来"的概念，而且这个博物馆是针对一般大众的，所以不能写得太生硬，既要够感性，又能够提供陶瓷的基本概念，包括它的特性、特质以及它的功能，所以我就把陶瓷转换成一个有脾气、有个性、有温度的女人。找到这个切入点之后，再来看整份陶瓷工业报告，很快就能从生硬的报告里，找到几个可以下笔的切入点。我也依据陶瓷的特性、功能写成一段段的文案，总字数多达 3000 字，这是我写文案 30 多年来最长的一篇，下面节选一部分。

陶的未来预言室

毕加索感叹地说，
有了她，我们就很难独处了！

她藏在钟里，告诉我们起床的时间。
她留在收音机和录放机里，
记下我们每一笔的思考对话。
她射日换成电能，给足我们光和温暖。
她启动我们的车一起去旅行。
她也躲在眼镜里，看着我们好奇的世界。
高感染力的她，还化身在手机里，
成为笑声和故事最频繁的路线，帮我们维系人际关系；
并在我们最孤单的时候进驻 Internet[1]，
成为我们虚拟的一部分，传输我们的灵魂，
与别人"陶"醉一夜钟情。

　　我们的时钟、收音机、录放机、电暖炉、灯泡、车子、眼镜、手机、电脑网络的接口都需要陶瓷，"与别人'陶'醉一夜钟情"，"陶"也是陶瓷的"陶"。

　　除此之外，她还帮我们侦测敌情，
发展远红外线导弹系统，以赢得我们的革命情谊。

[1]　互联网。

> 她说，她不只想要介入我们的生活，
> 她对人极度敏感，有条件做我们最好的知己……
> 她帮我们听清楚世界，探访婴儿的心跳，
> 她也听清楚我们的情绪、潮汐和病情。
> 她不仅构成我们的精神磁场，激荡我们的能量，
> 她也是我们长出来的感官和新触觉系统，
> 调和或强化我们和外界的关系。

陶瓷不仅是武器设备的一部分，也是发声器、助听器的一部分，它还可以侦测心跳，在很多医疗检查系统里面都有它。

> 我们仔细端详"陶"，
> 她熬过 1400℃高温的磨难，
> 以离子键或共价键的键结方式，
> 紧密并强化自己的内在，
> 保持镇定、临危不乱，结构意志比钢铁还强硬。
> 她从此不畏热、不怕磨、抗高压腐蚀，
> 在酷热的汽车和飞机的引擎上发挥她的极限，
> 有时还能展现出有磁性的魅力及透光的智慧。
>
> 一个因失恋而一蹶不振的人，
> 应该向她的灵魂学习坚毅。

我把陶瓷的特性如耐高温、耐磨、坚硬、有磁性、能透光等特质，比喻为人的个性。

千年不变，安全与幸福最好的守护者！

从没见过这么两极性格的材料——陶，

可导电，也可绝缘，

可沟通，也可防卫，

比人还有原则。

她很懂得生活，没有怨言：

陶罐酱油、陶管排水，陶瓷酿酒……

她样样事必躬亲。

她的坚毅，让她化身成炼钢和玻璃窑场的耐火坩埚、

工厂的盐酸瓮、分解缸、耐酸砖、耐火砖，

她帮人担待生活上必须要熬的艰辛，

也帮我们与无情的电流之间和平地绝缘，

家里的电线导管、插头、开关……

她都守在里面，怕我们出意外。

把陶瓷拟人化后，即便在讲它生硬的功能，也一样可以写得很有情感。

她变成我们身体的一部分

她在医院里走进了身体，成为我们的一部分。
精密陶瓷不具毒性，不会破坏人体免疫系统，
与人体亲近，而且耐久有强度，足以扶持我们一辈子。
她变成重伤人新生的骨骼、不良于行者的新关节，
她听我们的血压脉搏，探测我们的健康，
并复制婴儿的心跳。
只要我们喝一杯装有微机械的柳橙汁，
她就可以动手清除血管里的阻塞与病。

此外，她还义不容辞地修复沮丧的灵魂，
和一蹶不振的伤，
化成助听器继续聆听贝多芬的田园交响曲，
变成牙齿，代替老人咀嚼，长成心脏瓣膜，
继续我们的心动！

陶瓷是很多医疗设备器材里极重要的部分，用这个特性把它拟人化，让它变成栩栩如生、超能的人，就能很顺手地写完这篇文案。

很高兴她参与了我们的过去，
也欢迎她加入我们的未来。

我用这两句话让整个文案首尾呼应，即使文案很长，也

是一气呵成。平时在逛你喜欢的图书馆、美术馆、博物馆、音乐厅、戏剧院或展览会场时，可以随时随地构思：如果要写一篇形象文案，要怎么写？

▷ **案例四：西安音乐厅形象文案**

下面我就以自己写的西安音乐厅的文案作品为例，来说明如何为一个有艺术气息的公共空间写形象文案。我记得那时候还专程去了一趟西安，听音乐厅的工作人员介绍西安音乐厅：它的空间规划、音响设计以及他们曾经主办过的节目等。另外我必须读一些与西安相关的历史文献，把自己当成在西安住了上千年的文人。

> 我们把西安最繁荣的地段，
> 留给这个世界上最美好的声音
> 如果没有西贝流士，芬兰就成了哑巴。

如果没有音乐厅，西安也就没有了自己的声音，我引用这段话来说明音乐对于一个城市的重要性。

> 发生故事的地方已成历史，
> 至今仍留下来的呼吸、气味、舞步、颜色、质地、光影……
> 让西安有了自己的声音。

全球知名巴黎歌剧院声学设计师马歇尔，
以优美的视线和声场分布，
为西安音乐厅谱出最完美的空间排场。

　　如果我写的是"我们请巴黎歌剧院设计师马歇尔，为西安音乐厅做设计"，这样的文案就只是平铺直叙地在讲一些特点。所以我把马歇尔视为声学设计师，也把他当成音乐家，因为他为空间谱出了很美的节奏，所以我写的句子是"为西安音乐厅谱出最完美的空间排场"。

木色是慢板，银白是快板，
这里产生最原创的艺术光音，
一幕幕都变成了永恒，

　　把建筑空间的制材素材，完全以音乐的专有名词来做替换。

声闸、光闸、反声板的设计，
将最饱满的环场音，收纳进你的感动中。
每一度的空间设计，都是我们精心创造的声音微宇宙，
全西安最强的音域、最美的艺术生态，
你都在场！

为什么要讲"你都在场"，而不是讲"欢迎你来"？有时候我们要为音乐厅的观众做一个"决定"，比较霸气地跟他说：这么好的地方，你应该要在场。

约翰尼斯·克莱斯制造 78 个音栓，

4201 根音管的巨型管风琴，

德国原厂施坦威、意大利法西奥利三角名钢琴……
吸引国际知名的首席演奏家、歌唱家，音乐与舞剧团体
前来西安音乐厅向我们展演第一现场的感动。

原创是很奢侈的，像是婴儿的第一口呼吸，

刺激肾上腺素的视觉、味觉、声音。

我们不必出国，

捷克爱乐、德国柏林交响乐团等世界十大交响乐团，

《阿依达》，百老汇音乐剧《四十二街》《猫》……

阿什肯纳齐、苏菲·穆特、久石让、

李云迪、马友友、谭盾、吕思清……

他们全都来了！

1.8 万平方米的音乐规模，

每一场，都是一群人物的灵魂顶点。

西安音乐厅的环境很好，吸引了国内外的重要音乐家、剧团来这边演出。我不会讲"西安音乐厅有 1.8 万平方米"，这是一个没有经过转换的句子。如果你是有视觉的，经过想象力转换后，就会变成你拥有"1.8 万平方米的音乐规模"，

这就是用抽象音乐来取代具象空间的方式。

> **在拥挤的现实和天马行空的乌托邦之间**
> **以独特的展演形式，**
> **在生命中深深埋下这些令人颤动的时间点，**
> **与你的激情一起站立鼓掌。**

虽然我没有在那里看过表演，但是我在写文案时要想象所有观众看完、听完表演之后起立鼓掌的景象，我写的是一个现场，演出者与观众的互动。

> **我们需要借着音乐、戏剧、舞蹈，**
> **搜出每一处被感动的乐章，这些都将成为生命经典，**

或许有个人心情不好，他很低沉，没有什么活力。那天他走进了西安音乐厅，听到了一段交响乐，人生从此翻转，因为他从这个交响乐里找到了生命的激情、力量与希望。这里就是一个很好的平台，先汇集所有的音乐，再把人汇集过来做一连串的聆听，让他们有机会启动人生的转折点。

> **你只要专心聆听，就能更新灵魂美学的最高海平面，**
> **在生命需要蜕变或升华时，**
> **这些美好就会再度滋润你的身心。**

我把这个音乐厅定位成灵魂美学的最高海平面。大家如果去过音乐厅或戏剧院聆听、观赏一场表演就会知道，当你如此专心地享受表演时，不太可能还在想自己烦恼的事。在那个时刻你已经全然投入，跟着音乐起伏，仿佛就变成了音乐本身；就在那个忘我时刻，它就像很高的灵魂海平面，瞬间覆盖了海底坑坑洼洼的小烦恼、小琐事，日后在你需要蜕变时，这些音乐的美好会再度滋润你的身心。这就是我脑海里的画面。

> **音乐是宇宙法则，也是个人境界。**
> **我们以超大规格展示出最美好的生命时刻，**
> **每个月收藏一个黄金篇章，**
> **每天都有全新的艺术选择：**
> **独奏、民乐、民谣，轻音乐、流行音乐、实验音乐、**
> **交响乐、周末市民音乐会、**
> **戏剧、芭蕾舞、现代舞、音乐剧、**
> **视听音乐会、艺术讲座与展览、西安国际音乐节……**
> **2009 年，开始我们的西安音乐文明。**
>
> **350 场庆典般的世界级音乐飨宴，**
> **全年 1/3 公益演出的坚持，**
> **这里就是欢迎每个人入席的生活演练场，**
> **声音、灯光与生命节奏，**
> **在西安音乐厅中日夜交相激荡，**

> 我们把西安最繁荣的地段，
> 留给这个世界上最美好的声音，
> 所有天价无价之美，都将在这里感染你！

　　我把整个西安音乐厅的世界级规模扣进每个人的生活，它不是与人距离很遥远的一个空间，而是与大家息息相关的，就像是每个人的生活演练场，每个人的灵魂海平面。在写文案的时候，无论你把商品、空间、品牌、企业形象拉得有多高，最后一定要把它扣回到每个人的生活里，否则人们就不会有共鸣。平时有机会就练习为艺术空间写文案吧，无论它是小店、艺术展厅、音乐厅、咖啡厅、戏剧院还是一个表演中心都可以。

▷ 案例五：iRoo（依若服饰）品牌形象

　　一篇企业形象文案绝对不会只有一个企业的概念，它往往还要扎根到每一个品项里，特别是重要的品项。iRoo（依若服饰）请我帮他们写品牌形象文案，他们给我看了所有的服装、图片、影像。这个品牌小 S 曾代言过，所以可以知道它是一个强调年轻个性的品牌，我大概可以描绘出这个品牌的风格：有设计感、有点叛逆、有点个性和野性，甚至有点波希米亚风格，大胆用各种素材来混搭。

　　如果你要帮一个服装品牌写形象文案，你会怎么写？

　　你可以先找几个有兴趣的品牌，到他们店里观察，看看他们设计师的风格、服装展示空间、消费族群等相关数据，练习撰写他们的形象文案。如果你刚开始写文案，正在找案子或找工作，可以把你写的文案投给商家，或许你就可以接到他们的案子。

iRoo，是你最机灵的贴身私人衣柜

你可能已经厌倦了你的
身份、年龄、形象、国籍、居住地，
iRoo 把瞬间重生的魔法还给你。

　　厌倦了平常一成不变的生活、工作状态，但是可以选择不同的衣服，让自己有一种变换身份的错觉。

天鹅绒、印花雪纺与缎面，为你世袭了：
维多利亚宫廷的高贵血统，
这种经典一旦穿到你身上，
你就拥有了无人敢正面迎视的皇族气质。

　　iRoo 大胆地采用了天鹅绒或是高档缎面，所以穿上衣服的瞬间就有了权力和贵族的气息，也突然有了自信。写文案要先去找商品的组成素材，依照它的个性来写，就像是编织，要用两个以上不同的元素组成一幅美丽图案。

你想要隐遁的灵魂，
渴望流浪在吉卜赛乡村、爱尔兰、罗马尼亚，
iRoo 给了你波希米亚的野性，
你的衣服大胆地混着异国的血，
你拥有了整队马戏团的创意活力，
你要自由，谁绑你都绑不住。

梦不会因长大而变老，在你的白日梦中，
永远有片纯净的森林，一座幸福的城堡，
仙子如你，洋娃娃如你，穿着一袭春装，
从油画中走出来，走进人间春天的花园。
热爱电子音乐的你，有时想当个摇滚歌手，
iRoo 能够给你身体，极自由的换挡速度，
所有的亢奋节奏，都缝进你的好动腰线中。

喜欢这个品牌的消费者，可以是很喜欢电子摇滚音乐的，穿着 iRoo 的衣服去参加电子摇滚派对，所有亢奋的节奏都要缝进野性好动的腰线里。衣服就是你身体的一部分，你好动，衣服也跟着你的节奏一起狂野。

在争奇斗艳的派对里，你一身 iRoo 巨星晚礼服，
众所瞩目的惊艳，早已缝进多层次的曲线皱褶里，
一夜之间成为时尚界的指标人物，你很难被忽略。

> 有了 iRoo，你不只是你自己，
> 你还可以变化出更多版本的你：
> 每个女人都拥有蜕变自己的特权，
> 极优的质量符合挑剔的你，周周新装，
> 赶上你喜新厌旧的速度。

我把 iRoo 消费者那种善变、有点挑剔、还有点喜新厌旧的个性也写进来，既写服装也写人，等于把脾气和性格写进服装的皱褶里，写进文案的字里行间。

> iRoo 是你最机灵的贴身私人衣柜，
> 也是你的私人健康守护者，
> 未来这股风潮，将继续蔓延到全亚洲、美洲，以及全地球。

服装其实是很容易写的，只要把自己想象成消费者，去试穿这个品牌的衣服，感受个性、脾气、走路的非凡模样……这就是"附体式"的写法。

▷ 案例六：台湾《讲义》杂志

如何帮一个杂志、网络平台、电视台写形象文案？

《讲义》杂志有点像是美国的《读者文摘》，专门选一些隽永的文章。《讲义》请我写形象文案，特别是针对他们的读

　　书会、读者茶叙的文案，因此我就必须看一下杂志，还要倾听他们跟我描述读者客层的相关资料。

　　《讲义》针对退休人群不定期举办读书会、茶会或是登山会，因为退休的人时间比较多，会慢慢地看一篇文章。有时候他们也会出来喝喝茶、听听演讲，共同讨论一本书或一篇文章，还可以约着一起去爬山……所以我们平时也可以练习思考：维持读者社群可以办哪些活动？他们对什么有兴趣？他们哪些时间有空？当他们有空的时候，他们想做什么？

《讲义》杂志茶叙茶会文案：
真情煮沸，茶言观色

以虚心的壶，滚烧百度的热情，

先冲去茶叶和初见面的青涩，

再加一次热水，

让每位对《讲义》的珍贵意见，

如同叶片般舒展开来；

融会一段时间后，

借着严格的期许，过滤余渣和缺失……

茶，和诤言一样，能明目、善思、去腻、清心，

得之则安，不得则病。

　　《讲义》杂志社长希望通过茶会把忠诚的读者汇聚起来，听听他们对于杂志的意见，而这些谏言就像茶对人的功效一

样：明目、帮助思考、去掉油腻、清澈心灵，得之则安，不
得则病……杂志创办人必须听取读者们的谏言才能及时修正
杂志方向。

烹茶需甘泉，解文需善友……

　　煮茶需要好水，解读和讨论一篇文章也需要同样档次的
好友。

**《讲义》因茶而满室生香，因您而改善更好，
春季读者茶叙，
茶已备好，期待您的亲临指教！**

　　要为茶写文案，先要看主要客户是谁。是年轻人、中年
人，还是老年人？客户不同写法就完全不同。我之前写过一
个专栏，其中有一篇就是以茶为主题，已收录进《情欲料理》，
标题是《以茶为戒：爱情的十大后遗症》，根据中华茶文化学
会理事长写的饮茶十大信条，以茶来比喻爱情的十大戒条：

以茶为戒，爱情的十大后遗症

**（一）谈恋爱像喝茶，饭前喝会刺激唾液，食不知味，
　　　甚至妨碍消化，影响饭后的养分吸收，人日渐**

消瘦！

（二）含磷、钙丰富的海鲜，让茶里的草酸根和钙堆积成结石，不易排出体外，就像日积月累的心结，沉默久了就出问题。

（三）空腹饮茶就像为爱绝食般的愚蠢，冷寒伤胃，心悸发抖，人称茶醉，小心你也一醉不醒。

（四）烫茶伤喉伤胃，过热的爱情，伤心伤身！茶温最好在 50℃。爱情适温则是两人的热度除以二。

（五）冷茶像单恋，无香却苦，氧化耗弱的现象造成身心负担。心情长期滞寒更是侵肌砭骨，令人萎靡不振。

（六）茶遇到水会起化学作用，如果以茶服药会影响原本的药效。爱情最好不要挂病号，没有健康就无法天长地久。

（七）不要喝冲泡多次的茶，不谈回锅的恋爱。以免殆尽维生素 C、氨基酸等一见钟情的美好部分。

（八）不喝隔夜茶，细菌滋生、纠葛不清的劣茶劣爱不宜久留，留来留去留成仇！

（九）不喝浸泡太久的茶，就像漫漫长夜的爱情，既无营养又不卫生。

（十）不喝浓茶，不谈浓烈欲死的爱情，因为刺激过度，易兴奋失眠、伤胃伤肾，百病丛生。

我们平常可以多收集这种有趣的文字形式，如食谱、处方签、庙里的签诗、说明书、攻略手册等。这些形式通过转换，会有另类创意的效果。

▷ **案例七：加利利旅行社形象文案**

　　我在《十四堂人生创意课》一书中提到，在画自己的人生蓝图时，我的核心专长是阅读与写作，这也是我的核心天赋。每个人的核心天赋周围都会有自己的兴趣或是专长，比如文字加上广告，就是广告文案，文字加上旅行可以是旅行书，旅行书与广告文案之间又可以生成第三个，就是为旅行社写的广告文案。

　　我非常喜欢旅行，一旦有旅行社找我写文案，我会比不常去旅行的文案创作者写得更好、更生动、更传神，因为我有丰富的旅行经验。就像是一个好的汽车文案人员，如果不会开车，就很难写出动人的广告。广告文案创作者很好玩，可以尝试百种不同的身份、职业。有时候我觉得广告文案创作者就像演员，演员因为剧本不同而投入不同的角色身份，广告文案创作者因为商品不同所以必须变换不同的创作思路。

　　在讲这篇加利利旅行社形象文案之前，我想讲一个小故事。在接这个案子之前，我经常收到很多人传给我的迪拜帆船酒店的照片，非常美，一座帆船似的建筑就独立在海中央，我一直很想去迪拜帆船酒店看看，一个浮在海中的酒店会是什么样子。

　　当时还完全不知道什么叫作"吸引力法则"，我只是把迪拜帆船酒店的照片放在电脑桌面上，每天看着它，心想有一天一定要去里面体验一下，甚至我动用了想象力，在自己家里虚拟走在帆船酒店的感觉，躺在床上睡觉也想象自己就睡在帆船酒店里……就这样整整七天，一件很神奇的事情发生了，我突然收到来自加利利旅行社的电子邮件，他们老板看到我的文案作品集《诚品副作用》后，希望我能够为他们写一篇形象文案。之前我并没有听过这家旅行社，我点进旅行社官网，发现出现的页面就是我电脑桌面上的那张照片，原来他们正是迪拜帆船酒店的台湾代理商。

于是，我的梦想瞬间就被点燃了，我马上回信说：我很乐意帮你们写形象文案，但你们主要的商品是迪拜帆船酒店，我如果没有住过，怎么帮你们写？于是加利利的老板帮我安排了免费的迪拜／阿布扎比七日行程，其中连续三个晚上都住在帆船酒店。我在《十四堂人生创意课》系列书中用这个例子来解释：如果你要动用吸引力法则，并不是一直盯着照片这个梦想就会成真，最重要的是你有没有相对应的才华或专长可以跟人家交换这个梦想。也就是说，如果我没有出版文案作品集，对方也找不到我来写文案，我就没有办法去迪拜帆船酒店；当我的专长被别人看到时，我就可以兑换到等值的梦想；等我从迪拜、阿布扎比回来后，这篇文案被客户一次性通过，我同时也写了一本《十四堂人生创意课Ⅱ》，书中有一大篇在讲迪拜创意学。这篇加利利旅行社形象文案如下：

旅行，是一种生命分配的艺术

一趟难得的人生，
应该分出十天在瑞士，
在英王爱德华七世曾爱恋过的，
L'IMP RIALPALACE HOTEL[1]，
依靠着阿尔卑斯山湖畔的琉璃意境中睡着。

应该分出七天在迪拜，
在望向阿拉伯海的七星级帆船酒店，
与情人共享三夜王储之梦，
经验此生无憾、羡煞全世界的幸福奢华。

应该分出十天在布拉格，
白天享受波希米亚的写意纵情，
晚上选择一个古老的身份，
参加中古世纪豪华的扮妆晚宴。

旅行，就是以独特创意、绝佳勇气，
把生命花在应该体验的地方。
正因为生命如此珍贵，体验如此难得，
加利利，将你的每次旅行
都当成是你这辈子首次的唯一经验，
依照你目前的生命阶段与步调，
量身设计出符合你需求的旅行方式：
帮你规划在法兰克福罗曼蒂克大道上的早晨，

---

[1]　依云皇家度假酒店。

东非马赛马拉草原上的午后时光，
在新西兰俯瞰坎特伯雷平原的古堡之夜……
让你拥有说也说不完，
比电影更真、比梦更美的兴奋情节。

不再让你只带回一沓与别人大同小异的观光照片，
更不让劣质旅行的扫兴抱怨，
毁了你对一个国家难得的体验，
我们找的是生命旅行家，而不是到此一游的观光客。

加利利，用心规划每趟旅行的完美记忆：
首创第一家以完美时间学、规划主题式体验的旅行社，
将每分每秒都设想进来，
让你享受全程完美的淋漓尽致。

人一生要把时间分配在哪些地方，这是一种艺术，也代表人的生命将呈现出怎样的精彩，所以我才写出《旅行是一种生命分配的艺术》：你的早餐、午餐、晚餐在不同国家，有的时候在草原，有的时候在古堡，有的时候在山顶，有的时候在海边……我要强调的是：好的旅行会帮你规划生命时间，而不只是带你走马观花、赶行程而已。

文案提到的地点都是加利利旅行社带团的地方，包括迪拜帆船酒店。所以当我真的住进帆船酒店，躺在床上，仿佛浮在云朵般舒服，瞬间就没有梦想了，因为我已经躺进梦想

里，跟梦想合一，所以才写出："经验此生无憾、羡煞全世界的幸福奢华。"写这篇文案时，我旅行的记忆浮出脑海，有点像是剪辑我人生的五分钟微电影。

"不让劣质旅行的扫兴抱怨，毁了你对一个国家难得的体验"，这是我自己的亲身经验，有时候我不小心参加一些很糟的旅行团，带着我们去购物，然后拍拍照，有时候随便讲解一下，甚至没有讲解，那真的还不如在家里看旅游探险频道。后来我就特别挑剔旅行社的质量，坚持要找一个优秀的专业导游，或是专家来讲解建筑或艺术，否则等于浪费时间。所以我在文案中强调加利利旅行社找的是生命旅行家，而不是观光客，意味着好的旅行社也挑好的旅行者——我想象自己就是旅行社的老板，我会怎么用心地规划以及经营这家旅行社。

写完这篇文案之后没多久我就开始自己带团，原因是我没办法走别人固定的行程，我想自己设计一些不是那么热门但很独特的行程。我自己也像是个小旅行社，总共带了 33 次团，我从写广告文案转变为为旅行社写文案，然后又转变为写旅行书，再加上带团……这就是让天赋开花的方法。

在此分享我收集到的一个好文案——《Nissan[1]：跨世纪的车艺复兴》。文案是围绕旅行的概念写的，要求 Nissan 车驾驶者要有旅行的世界观：

---

[1] 汽车品牌：日产。

> **想象在世界的彼端，**
> **有人过着跟你完全不同的生活！**
>
> 塞纳河畔，为什么总是那么多漫步与阅读的人？
> 翡冷翠[1] 的教堂前，为什么总是那么多画画与吟唱的人？
> 当人们疲惫地玩着竞速游戏时，
> 为什么有人选择穿着华服参加化装舞会？
> 当我们匆忙地翻阅每天的报纸时，
> 为什么有人能够坐在精致的老式咖啡屋里，
> 悠闲地看报漫谈？
> 生命追求该是什么？
> 一个显赫的职称，一份骄傲？
> 或者我们只是渴望一份属于自己的生活步调？
> 愿 Nissan 陪你一起在忙碌的城市中，
> 找到属于自己的生活。

　　你可以开始衍生自己的旅行世界观，这是带领客户、消费者换个视角与世界相处的方法。

---

[1] 即佛罗伦萨。

▷ **案例八：熊婚礼拍摄工作室形象文案**

> **镜头下每一个仪式细节，**
> **都在以爱创世纪**
>
> **宇宙原为混沌空虚，神说要有光，然后就有了光，**
> **然后创出了空气、海、大地、蔬果、**
> **飞禽鱼类走兽、节令、年岁、众星，**
> **还有一男一女。**
> **整个神圣的创造过程都被记录下来，**
> **流传至今。**

为什么用《创世纪》的方式来写熊婚礼拍摄工作室的形象文案？因为很多人的婚礼是在教堂举办，所以结婚可以写得很有宗教性或是很神圣，就相当于亚当与夏娃回到宇宙的原初，一男一女最早的爱的形式。

> **接下来，这一男一女继续以爱繁衍奇迹，**
> **选一个特定的时空，**
> **举行他们的结婚典礼：**
> **初识激爱的光谱、热恋甜蜜的色温、双入双出的剪影、**
> **专情彼此的焦距、互许誓言的快门、简单生活的景深，**
> **这是一场罗兰·巴特恋人絮语的婚宴，**
> **每一个仪式细节，都在创世纪。**

接着，在两人的居所，

开始创造属于他们的阳光、空气、花和水，

或许有了孩子，或许有了盆栽、宠物、鱼缸，

他们从此有了自己的喜好、自己的生态、

自己的纪元、自己的编年史、自己的节令年岁，

有了共同的家族血缘、奋斗目标、爱与生命话题。

在两人重要的创造历程上，

需要一位如神视野般的导演，

近距离陪着他们一起写下这独一无二、

令人惊叹的所有发生，

需要一个对人洞察入微的摄影师，

以深邃的镜头，记录正在以爱繁衍的美丽历史。

　　它不仅是一个拍摄婚礼的公司，同时也将见证一对新人自从在一起之后每个生命阶段的共同经验，比如婚宴、结婚周年庆、他们将来会带着孩子们来拍家族合照……我们平时可以练习以结婚、婚宴、婚纱照为主题的文案，并将此纳入你的文案灵感库中。

▷ 案例九：诚品 6 月的结婚书展

　　关于结婚这个主题，我写过诚品 6 月结婚书展，当时陈列的书都跟结婚有关，以呼应 6 月新娘的话题。

买书为聘，以书陪嫁

纵使有越来越多的人追逐一夜春宵，
我们仍选择一辈子居家的爱情。

纵使有越来越多的人从婚姻出走，
我们仍选择了结婚的温暖信守。

在这个不喜承诺、变心频传的时代，
我们的誓言弥足珍贵。

6 月 14 日，诚品书店 6 月结婚书展，
全面打点好您结婚的行头，
以书的盛大排场，见证您一生的婚礼。

有了这篇结婚书展文案，我又用同一个灵感源泉写了婚宴食谱，后来收录进《情欲料理》里。

关于婚宴，另一种最口欲的书写形式

把一个爱情的蛋黄打在半品脱的清水里，
溶入两磅的黏腻焦糖，
加热糖浆，开始沸腾时就加一点生活的冷水，
就这样连续沸腾三次，
然后把糖浆从现实的炉子上端下来，
让激情静置一会儿，
再把幻灭的泡沫抹去，

> 加入午后的橘皮、大茴和丁香浪漫调情，
> 文火直到它充分入味的阶段，
> 最后用锅子上的亚麻布滤出耐久的相处余韵——
>
> 6 月，盛夏盛情，
> 我们将成为夫妻，期待您的祝福。

　　我想分享另一篇以结婚为主题的中兴百货广告，作者是刘志荣，他以花、钻石、烟火、星座等几个不同的标记符号区隔恋爱与结婚，文案分成结婚进行曲第一、二、三篇章：

结婚进行曲第一篇章

叛逆是恋爱，命中注定是结婚，
望春风是恋爱，青蚵嫂是结婚，
前卫是恋爱，传统是结婚，
菊豆是恋爱，油麻菜籽是结婚，
不论年代，
恋爱是一回事，结婚是另外一回事。

结婚进行曲第二篇章

玫瑰是恋爱，百合是结婚，
激情是恋爱，爱情是结婚，
烟火是恋爱，钻石是结婚，
双鱼座是恋爱，巨蟹座是结婚。

> ## 结婚进行曲第三篇章
>
> **提款卡是恋爱，储金簿[1]是结婚。**
> **发明家是恋爱，哲学家是结婚。**
> **感性大于理性是恋爱，理性大于感性是结婚。**
> **选择题是恋爱，是非题是结婚。**
> **不论年代，**
> **恋爱是一回事，结婚是另外一回事。**

关于结婚的文案，你可以先收集喜帖、情诗、小说等文字形式，比如《小王子》就是很好的参考文本。书中最经典的一句话是"你为你的玫瑰所花的时间，使你的玫瑰花变得那么重要"，用这句话来描述婚姻非常棒，为了进入婚姻彼此所付出的时间，让彼此变得特别珍贵。

另外我想推荐一个写情诗的高手扎西拉姆·多多，她的情诗写得非常好：

> 你见，或者不见我，我就在那里，不悲不喜。
> 你念，或者不念我，情就在那里，不来不去。
> 你爱，或者不爱我，爱就在那里，不增不减。
> 你跟，或者不跟我，我的手就在你手里，
> 不舍不弃。

---

[1]　即存折。

来我怀里，或者让我住进你心里。

默然相爱，寂静欢喜。

扎西拉姆·多多的诗文都是必读的，有意境也很有味道，有助于你在写情诗或是与感情相关的文案时找到灵感。我还想推荐《亲爱的，这是写给你的》这篇文章，里面有很多配合摄影作品的短句都很精彩，其中有一份《勿做清单》，"我有一百万件重要的事要做，但没有一件比现在躺在你身边重要"，这也是很适合描述关于结婚、恋爱主题的文案的句子。此书还有一句，"这个世界让我冷却下来，而你让我变成了水，有一天我们都会变成云"，这么短短三句话就把爱的形式讲得非常深情，或许我们在现实生活中感到心寒，但是爱才让我柔情似水，总有一天我们会一起升天合为云朵，这是我的诠释。

我还推荐诗人陈繁齐，他有一本诗集《下雨的人》，里面有很多与感情有关的诗句，很适合放在与结婚相关的文案中。

如果你决定要来了，请记得不断猜测命运，

不要由他来给你答案。

如果你决定要来找我了，

就请你带着足够爱我的容器，

好让我把余生的温柔都盛给你。

此外，我也很喜欢余秀华的《摇摇晃晃的人间》，她的诗句很有视觉感，也是文案创作者必读的作品之一。

当我们说到爱，说到相见，
仿佛大地给了我们容身之所，不断靠近的星群，
头顶上的流水之声，
甚至汇涌到秋天庄园里的花朵。

▷ **案例十：统一饮冰室茶集形象与包装文案**

统一企业旗下的"饮冰室茶集"单价相较于其他品牌算是贵的，在便利商店里属于比较高档的茶饮。我必须承继沿用多年的"以诗歌与春光佐茶，饮冰室茶集"这个标语，来帮他们完成放在官网上的艺文馆品牌形象故事。

> **今天如诗般的初体验，**
> **从你手上的第一页饮冰室茶集开始!**

我不会说"从你手上的'第一罐'饮冰室茶集开始"，我会说"第一页"，就像是你翻开一本书那样的感觉。

这个时代需要诗人，
因为我们需要借着他们既锐利又诗意的双眼，
找出躲在平凡世界背后，
那个璀璨耀眼的独特光芒。

于是我们成立艺文馆，
把诗人的沙龙搬进你手上的饮冰室，
让你以大梦初醒的品茶感官，
悟出刚摘下来、最新鲜的诗。

整个灵魂之旅，
是从你闻到的第一口茶香开始——
诗就这样从诗人的心，
透进了你的味蕾，
滋润了你的身体流域；
自此之后，你也有一双极美的诗眸，
身边的人不一样了，
整个世界都不一样了。

我们养茶，也养诗人。
诗是灵魂，茶是触媒，
我们正酝酿着最有诗兴的茶，
无论是红茶、绿茶、乌龙茶、抹茶……
它们就像是植物界的济慈、泰戈尔，
李清照，徐志摩……
我们想要唤醒每个人身上
那个沉睡已久、古老的诗意灵魂。

饮冰室开始寻觅躲在各行各业里的隐形诗人，
大家以为他们是小说家、歌手、音乐创作人、
广告文案……
其实他们里面都躲着一个诗人。

过去几十年，
他们总是千方百计，
趁大家都不注意时，
把诗偷偷藏进：
传阅的故事里、传诵的歌词中、传播的广告文案内。
现在，他们都一一现身了，
站在饮冰室的舞台上，
公然写诗。

以诗歌与春光佐茶，
这不只是一句广告语，
而是一个诗意复兴的运动——
每分每秒如诗句般的浓烈激情，
从你今天的第一页饮冰室茶集开始。

我用他们的四个品项，对应四位诗人。

因为我自己就是其中一个很想写诗的人，为了生活却跑去做广告，但是我总是带着写诗的心情来写文案。很多词作者也是，像方文山，他就是一个诗人，但是他躲在词作者的身份里。后来我也以文案创作者与作家的双重身份，在饮冰室茶集包装正面写文案，同时也在侧面写诗。如果厂商能够

在包装上写一段很棒的文案，并且有很美的设计，大家在使用完商品后会留下包装盒或包装袋，这样可以让这个品牌在消费者的生活里延续，甚至带出门分享给别人看，这就变成了另外一种广告。

　　我帮四个口味的茶写了四段短文，既要写得像诗，又要承载介绍茶口味的功能，所以必须去研究这四个品类是怎么制茶的，这四个口味有什么不同，特别是与别家有什么不一样，我了解这些数据后再把它转换成短诗文，也就是他们的包装文案。

绿，奶茶

茉莉与茶叶层层交叠七小时，
让花的灵魂完全渗透进茶的身体里。
风干所有的浓醇香气，
再以奶香特调出无法忘情的滑顺口感，
让鲜茶在味蕾上开出茉莉的芬芳。
圣洁的绿茶，热烈的茉莉，
调理几下子，就变得理想化了。
　　　　　　　——以诗歌与春光佐茶，饮冰室茶集

乌龙，奶茶

精选台湾乌龙，
自 80℃ 起经五次增温达 130℃。
五段文火烘焙 22 小时，

让慢火炭焙出茶温厚的香气，
让口味刁钻的你，
喝出精火与山茶交锋后的超凡气势。
气息徘徊在梦与现实之间，
请珍重这一卷炭焙茶香。
　　　　　——以诗歌与春光佐茶，饮冰室茶集 [1]

这里面提到包括几度、几小时，都是根据它的制程资料而来。

奶霜，红奶茶

制程精致的工夫红茶，
依茶叶状态调整揉捏程度。
封住底蕴深厚、色泽红亮的茶汁，
一泻千里的香醇全锁进一只盒中，
奢侈的霜红醉意，在云里也在云外。
在霜红与奶白之间，一出手，
香气撑得像 4 月那样远。
　　　　　——以诗歌与春光佐茶，饮冰室茶集

在这段文案中，我把香气形容成像撑船一样，因为 4 月也是一个划船赏花的季节。

[1]　这句文案是饮冰室茶集的制式标语，由客户提供。

> **抹茶，奶茶**
>
> 日本薮北种春摘绿叶，
> 5℃以下沉潜出甘甜。
> 慢石工艺琢磨成细致吐纳的抹茶。
> 最高禅意的翠绿，
> 被生命力极强的乳香瞬间唤醒了。
>
> ——以诗歌与春光佐茶，饮冰室茶集

以上就是我为四款饮冰室茶集写的包装文案。在包装上，正面放的是我写的文案，侧面放的是他们邀请诗人或作家写的诗文，这一面他们称为"纸上的饮冰室茶集艺文馆"，你可以一边喝茶，一边欣赏盒外这首诗。当时他们找了台湾许多诗人、词作者、小说家，我也受邀写了两篇，放在"纸上艺文馆"，主题是爱情。我写的第一篇是《25℃的热带邂逅》，这一段也是我从自己写的情书体小说《爱欲修道院》里摘出来的。

> **第一篇：25℃的热带邂逅**
>
> 我们身在亚马孙丛林之中，
> 我看得见你，
> 你在叶隙中、在晨雾之后，
> 我在河上。

我听到远方有人击鼓，

有人生火，有人汲水，

更远的地方有鸟，美好一对。

你离我很近，我听得到你的呼吸。

我听到你正好奇，

正在找我，

正在灵魂的赤道上，

等着清凉狂欢的各种可能。

第二篇：爱上你是我的天赋特权，
　　　　不需要经过你的同意

我之所以特别，

因为这个世界上只有我能爱你爱得不慌不忙。

我们之间没有过去，也没有未来，

我可以很单纯地爱你，感觉你，

不去思考你、度量你、定义你、推论你、期待你、

规划你、打扰你，

不必在你身上投射我有限的梦，有条件的爱，

就像盲人把彩券卖给盲目相信概率的人，

我们之间最不需要的就是清醒。

感觉是诗人的天赋，思考是科学家的事。

即使相隔万里，时差六小时，但我们的灵魂从未分离，

连想象共枕拥抱、向未来做梦都不需要了，

所有的追逐、等待、创造都可以停止，

> 我们已经活在彼此之内，
> 可以一同溺死在映照出对方的眼眸之中，
> 也可以在急促的呼吸中再度复活，
> 我们已经是一体，
> 仿佛自恋般地天经地义。

这一段是从我有关生活感悟的日记中找出来的。我的生活创作，同时也是我文案创作的养分，而当我在写文案的时候，它又变回我文学创作时的灵感——文案与文学创作根本没办法分开，因为这是同一种灵感创作之源。

▷ 案例十一：CNEX 纪录片基金会形象与第一届主题活动

我们往往看不到第一现场，只好通过纪录片来接近真实，了解世界各地发生的事情。CNEX 是一家专门拍摄纪录片并筹办影展的基金会，每年都有主题征集纪录片的计划，基金会给予应征方资金上的支持来协助他们完成。帮 CNEX 写文案，也等于为基金会定位，所以我当时写了一个很霸气的标题，希望能够找到最优秀的纪录片创作者，把作品投给基金会。

> 如果你的作品还没进 CNEX，
> 表示你还没被全世界看到！

> 下一秒，永远像负片一样未开发，
> 可以去活，可以去死，
> 只要我们愿意去谈它。
>
> 时代跑在前方，和无尽的求知欲一样大，
> 所有人在运镜中穿越理想的蓝图，
> 每一片刻，都被锐利的镜头瞬间化为历史，
> 留在我们身后的采集篮里。

　　纪录片的镜头永远紧抓着人的脚步、人的呼吸、人的故事，影像只要被抓到，它就是可被看到的历史，这是我对纪录片的一个诠释，讲的是影像、记录与人的关系。

> 把人性投射在大屏幕的冲动，
> 对永恒几乎绝望般的渴望，
> 所有因人而起的傲慢与抒情，
> 镜头都将从这里进入。

　　透过纪录片的镜头把人性刻画出来，并投放到大银幕上，而且我们可以想象，剧院屏幕里面的人比现实中还要大，所以我们能够更清楚地看到人性的细节。

> 原始竟是如此的美好，手上的这卷影片，就是证据。

这就能用来区隔电影与纪录片的不同。纪录片接近生命的原始，它本身就是一种很棒的形式。

协和客机把整个大西洋都删除了，
CNEX 却恢复了整片太平洋，
以原创性最高的初生影像，重新联结全亚洲的华人。

我用这个来表达 CNEX 主要在收集华人的影像故事，所以才会写 "CNEX 恢复了整个太平洋，联结了所有的华人"。

精神与物质、东方与西方、城市与乡村、
男人与女人、老人与小孩、富人与穷人，
都有了端详彼此、剧烈交换生命视点的沟通平台。

纪录片拍摄的对象横跨所有性别、年龄、区域、城乡差距、经济状况等信息。也正因为有这样的载体，每个人才可以站在自己的视点端看对方，了解彼此的生命意义。

所有尚未被记录，但终被瞩目的人，
所有尚未被看到，但已经发生的事，
都会被 CNEX 找到。

如果你的作品还没进 CNEX，
表示你还没被全世界看到！

这是一个主题式的影像实验室，
也是进行式的对话殿堂，
每一寸思维，都在时序中留下了探索的轨迹，
每一笔梦想，都在空旷处留下了自由的涂鸦，
每一部影像，都在发言台留下了精彩的表达，
每一种文化，都在屏幕中留下了经典的例证。
全球视野，在地行动，
Connecting Next, Collecting Next, Creating Next[1],
新鲜的人类图像文件史正在募集，
CNEX，已经诞生！

　　我以排比形式的句子，用思维、梦想、影像、文化这四个概念来描述创作的轨迹、涂鸦、表达、例证。在写这四句话的时候要特别注意几个细节，比如每一寸、每一笔、每一部、每一种，尽量让每句的前三个字不要完全重复。我有一个"尺度"灵感表，就是我在形容东西、思维、梦想、影像、文化等的时候，它会有所谓的尺度单位，例如：每一寸、每一笔、每一部、每一种……这些平常一想到就要随手记下来。

　　有一年 CNEX 举办以"钱"为主题的征件活动，他们想要收集与"钱"有关的优秀纪录片。他们当时给我的主题是"开眼见钱"，所以我得去找与"钱"相关的书，比如《有钱人想的和你不一样》《富裕属于口袋装满快乐的人》《财富吸

---

[1]　连接下一个，收集下一个，创造下一个。

引力法则》《你值得过更好的生活》《创造金钱》《财富之城》
《金钱不能买什么》《金钱的灵魂》《钱教我的真理》《失落的
致富经典》，等等。这些都是我在写文案之前翻阅并收集的
有关"金钱与财富"的书。我也看了很多与金钱财富相关的
电影：《华尔街之狼》《了不起的盖茨比》《钱力游戏》《阿拉
丁》……写一篇文案就要尽可能地读遍那个领域的所有书籍、
看遍所有影片，在很短时间之内你一定来不及，这就是为什
么平常要有大量阅读与看电影的习惯，因为"养兵千日，用
在一时"。

开眼·见钱

谁给钱？谁收钱？谁有钱？谁没钱？

谁存钱？谁花钱？谁捐钱？谁骗钱？谁分钱？谁抢钱？

我用一连串三字短句来表达人与钱的关系。

钱不只是人与人之间财富的流通工具，
也是权力的交换、爱情的承诺、
美丽的资本、自由的代价、
幸福的指数、成败的关键、
自尊的强弱、未来的保证。

我看了大量有关金钱的书籍、影片以及相关的文献报

道，浏览金钱在每个人心目中代表着哪些意思：有人认为金钱代表自尊与权力，有人认为金钱代表爱情与幸福，有人认为金钱代表了自由与未来……因为要写这段文案，我开始研究金钱，不是理财的那种，而是我想搞懂金钱的本质是什么，金钱在人生的游戏场里面扮演什么样的角色？这就是我后来举办"金钱天赋"讲座与网络课的教材内容——如果每一次写新类型的文案，都能尽可能用功地去读通那个领域的知识，那么这篇文案就像是一把钥匙，它会为你我开启一扇门，打开另一条路、创造另一个平行身份、进入一个全新未知的世界。

> 钱在凡尘里流通，就像血液在身体里流动，
> 顺畅就能神气活现，阻塞了就百病丛生。
> 所有悲欢离合的起因都不在金钱本身，
> 而是人对于钱的贪舍态度。
>
> 20 年之间，
> 钱的来源从"省来的""赚来的"到"借来的"，
> 财富的用途从"用来存的""用来还的"
> 到"用来花的"。

　　因为时间的推演、时代的不同，人们对钱的态度、用法以及钱的功能就完全不同了。

钱因人心的明暗，
辐射出"创意多产的富足天堂"与
"纸醉金迷的欲望深渊"，
交织成形形色色的人生百态。

赚钱，为了何人？花钱，为了何物？
缺钱，又是为了何事？
2007 年让我们一起向 $ 看，
以文字、图片、影像、论述，
思考钱的价值、观察钱的曲线、追踪钱的流向、
募集钱的世界，记录钱的传奇……
CNEX 正在记录，每分每秒值得大口活的日子。
CNEX 正在找，让全球华人在沙发上同时感动的力量！

　　这篇文案对我来说是一篇很重要的文案，它开启了我去研究钱的哲学意义之门。平时你也可以以"钱"为主题来练习写文案，无论是品牌、商品、空间、服务相关还是理财网络等都可以。

▷ 案例十二：华硕电脑形象文案

　　这个案例想锁定的主题是"科技""电脑"。如果你要为电脑、互联网平台或是与某个科技、科技艺术相关的活动写文案的话，平时可以大量地收集关于电脑、科技、手机、AI 或是其他智能产品的资料与影片。例如，地理频道的《悠悠

千万载》，或是与星际、奇幻相关的电影，都是文案创意的
来源。

　　在写华硕电脑的形象文案时，我必须思考电脑与人的关
系是什么。我把电脑定位成跟我们一起生活、旅行的灵魂伴
侣——当年我在念新闻与传播博士班时，读了许多关于媒体、
媒介与人的关系的书，麦克卢汉的名言被我记入灵感记事本
中，在多年后此篇文案一开头就引用上了，瞬间把这篇文案
的格局拉到最大，也就是说我现在写的不是一台电脑，我写
的是人机共构的界面，只有把文案幅员拉大，接下来铺垫的
文案才有各式各样的灵感出口。

华硕与我的全世界

麦克卢汉说，只要将人的身体或感官加以延伸，
都是媒体，从衣服到电脑都是。

我手上这台不到一公斤的华硕电脑，
是陪着我一起延伸感官、冒险体验世界的好旅伴。

我带着她到印度恒河、泰姬·玛哈陵，
写下了思念的情书，
连同我穿印度纱丽的自拍照片，传给我的男友。

我带着她去威尼斯看嘉年华会，
整个圣马可广场上千张美丽的面容，
在她怀里摆成了一列华丽展览馆。

我带着她到希腊圣特里尼岛，
把爱琴海上的蓝色海风和金色夕阳，
都移进了我看电脑的视线中。

我带着她去挪威峡湾的日不落景，
把在芬兰拍到的圣诞老人与麋鹿，
做成了圣诞节的电子贺卡，寄给了我在巴黎的好友。

我带着她到西藏拉萨，
陪我爬到了海拔 3700 多米的布达拉宫，
当我高原反应住进拉萨人民医院时，
她也彻夜陪我在急诊室里解闷。
我带着她到东非马赛马拉草原看动物大迁徙，

把相机里的狮群、斑马、猎豹、河马、长颈鹿、大象……
——请上来，
她瞬间变成了一艘：乘载万兽的诺亚方舟。

这一段文案是以我个人的旅行经验为蓝本，然后将电脑置入我的旅程中，扮演非常重要的角色。比如我写的情书是通过它发送给对方的；我在行程中摄影，是这台电脑帮我存下所有的照片的；当我无聊时，我通过它看新闻来解闷……电脑里有许多在东非拍的动物照片，所以我可以进行视觉想象：所有动物都走进了我的电脑，它瞬间就变成了一艘诺亚方舟——把手上要写的商品、空间、服务变成剧场的舞台、道具或是主配角，这样就能写得栩栩如生，这就是"剧场式"
文案的写法。

> **她很轻，完全不会让我的旅行增加太重的负担。**
> **她很博学，无论我在生活上想知道什么，**
> **她总是第一时间帮我解惑。**
> **她很善于交际，无论我在挪威的北极圈，**
> **或是肯尼亚的赤道，**
> **我都可以上网与朋友分享我的兴奋。**
>
> **她很善解人意，**
> **当我低潮沮丧，找不到人诉苦时，**
> **我总会把心事告诉她，**
> **她很有耐心地收着我一篇篇的电子日记，**
> **而且还帮我保密。**
> **我完全无法想象没有她的日子。**

我强调的是它的轻，不会太重，不会增加我的负担；我
也把它拟人化，当作我的闺密，通过电脑写进日记里的那些
秘密，只有我与它才知道。

▷ 案例十三：科技艺术节

台湾第三届科技艺术节组委会请我帮他们写形象文案，
因为之前写过不少与科技有关的文案，所以在写的时候就比

较容易上手。科技与艺术看起来好像是对立名词，但却可以在本质上找到共同的核心点：科技是硬件、是左脑，艺术是软件、是右脑，它们必须整合，彼此缺一不可。我的标题特意把它写成"科技打造艺术部落"，就是想呈现硬件、软件合一的概念。

整篇文案我强调的概念是：如果过去知名的艺术家活在现在这个时代，科技网络会让他们活得比以前更好，他们会有多么不一样？如果凡·高活在网络时代，他的作品可以衍生出很多周边商品，通过网络很多人都会知道他，他就不会落魄而死，这是我写这篇文案的核心精神。

1999 · 科技打造艺术部落

**米开朗琪罗利用动画技术，
把大卫变成比莱昂纳多还红的男主角。**

**莫奈被迪士尼延揽为艺术总监，
他的光影技术动辄百万美金，以秒计费。**

**凡·高学会了电脑绘图后，
他的作品因荷兰信用卡的超大广告牌而身价暴涨。**

如果这些艺术家能够活到现在，就不必只靠卖画生活，他们可以通过艺术授权，把自己的画给信用卡当封面、作为礼盒的外包装或是做成 LV 名画包……庞大的收益能让他们

不用担心生计，从此可以专心创作。

> 达利做的超现实交互式网站，虚拟现实特效十足，
> 广告收益还超过了雅虎。
>
> 约翰·列侬运用了电子和音技术，
> 唱片销量超过了小室哲哉。
>
> 毕加索因杯垫、领带、月历、记事本等周边收益不断，
> 他的名字比巴菲特还值钱。

可以想一下，过去哪些有才华的艺术家生活得很艰苦？比如高更，不仅为五斗米折腰，还得到港口去当搬运工人，他如果能活到现在这个时代，他的画可以变成衣服、鞋子、包包、行李箱、建筑外墙、围巾……有了收益，他或许就有更多时间画出更多的作品。

> 艺术因科技的无远弗届而身价百倍，
> 科技因艺术的经典价值深入人心。

如果只有科技，没有艺术，我们会活得太肤浅，没有深度，只有速度。

> **第三届科技艺术节，**
> **让左脑的理性技术，**
> **画出右脑的感性版图，**
> **以电脑来实践创意的无限。**
> **科技与艺术的联姻，**
> **让我们的未来更有趣。**

　　跨时空来看科技对艺术的重要性——平常可以做这样的练习，去美术馆、博物馆、艺术展览或者是画廊，把自己还原成艺术家，看他们从无到有、从抽象灵感到实际的作品，是如何形成一幅绘画、一座雕像或是其他作品的。再换个身份来想，如果你是这些艺术家的网络平台经纪人，你要如何让他们的作品有更多进入大家生活的机会以及商业化的可能性，但又不会打扰到他的创作或者改变他的艺术风格？

　　在"自媒体"时代，我们既是艺术家也是经纪人，因为接下来要进入 AR、VR 虚实共构的生活接口，你的想象力、创造力才能提供 AR、VR 内容，这是 AI 人工智能机器人做不到的"艺术创意生命力"境界，这才是未来时代不败的能力。我们平时可以从与科技相关的商品、空间、服务或是活动中，任选一个来练习写文案。

▷ 案例十四：现代传播集团 10 本杂志形象文案

　　我接过最大规模的文案是现代传播集团旗下 10 本杂志的形象文案，这是一个很大的挑战，因为必须维持集团的同一调性，又得符合各本不同的文案要求。这 10 本杂志横跨了女性、时尚、财经、文化、艺术、生活等各个类别，包括《优家》《周末画报》《商业周刊》《生活杂志》《艺术界》《乐活》《新视线》《大都市》《号外》以及 *iWeekly*。这 10 篇文案已全部收录进 2018 年、2019 年版的《广告副作用》里，下面我就选几篇来讲解背后的思维。

《周末画报》形象文案

每七天就是一个全新的时代，
每一页都是中国的现在未来式！

　　《周末画报》，呈现最新鲜的流行趋势、生活情报，每七天就换了一个新的时代，每一页都在进行着现在未来式。

这个世界变化太快，
很多东西还来不及命名。
每七天就是一个全新的时代，
每一页都是中国的现在未来式！
没有经纬度的隔阂，没有时差的框限。

> **台北、东京、伦敦、米兰、巴黎、纽约、墨尔本……**
> **近到就在前后两页，一翻页就跨到了南半球！**

一本杂志，横跨了各个城市、各个经纬度，所有的信息在这里完全没有界限。《周末画报》的新闻、生活、城市、财富这四个大主题，我用四个东西来代表：望远镜、透视镜、广角镜、放大镜。

> **"新闻"是望远镜，从欧美到中东，带你目睹第一现场。**
> **"生活"是透视镜，从宫廷宴到法国菜，邀你享乐当下。**
> **"城市"是广角镜，从上海到台北，随你转机过境场景。**
> **"财富"是放大镜，从黄金到外币，都是手中无限筹码。**
> **这是一本有角度、态度、深度，**
> **而且还最有速度的精英读本！**

我还特别把角度、态度、深度、速度做了一连串的陈述。

> **来不及预言的国际政经动向、刚捕捉到的东西文化风潮、**
> **关于全球变局的蛛丝马迹、人与物的最新情感……**
> **我们都以第一手采集的情报，**
> **交到每一位意见领袖的眼前！**

《周末画报》的形象文案，强调它现在未来式的跨国界快速情报以及它独特的角度。

《新视线》形象文案

当你有了《新视线》，
所有的旧势力都会知难而退！

《新视线》是一本有很强的视觉风格和独特观点的杂志。当我们有了新视线、新观点，旧概念、旧系统、旧思维、旧势力都会知难而退，这也代表《新视线》的读者们有一种同步更新风潮的能力。

波希米亚的颓废与布尔乔亚的奢华，
嬉皮的摇滚与雅痞的时尚，
就在左页右页，
既不颠覆也不和解。

强调这本杂志的包容性，它可以同时包容颓废与奢华，摇滚与时尚，经典与另类，而且有时候它就放在左页右页，它没有想要说服谁，也不和解，就是彼此并列对话。

愤怒与狂喜就在同一篇文章的情绪里，
你可以怀着恨意与快感读这本杂志：

> 从电音派对到隈研吾的梦想竹屋、
> 从朋克铆钉到皇室珠宝，
> 精神错乱的创意，
> 永远脱离地球运行轨道，
> 最反骨的时尚，
> 只挺另类的义气，
> 你的离经叛道总是撞到别人的目光！

这本杂志的读者有反叛或是另类的血统，他们不在乎别人的眼光，而且常常是出离主流轨道，很有个性，所以我才会写：你的离经叛道总是撞到别人的目光！

> 前卫设计依荷尔蒙随意转向，
> 永远停不下来，
> 创意江湖的底线朝令夕改，
> 迷离又独特，
> 视觉系的末日奢华，
> 比精英更理性，
> 比禅师更神秘，
> 以艺术质疑一切勇气，
> 你必须冒险地读，
> 因为它一直挑战你的禁忌。

> 现实是一连串不停翻页的超现实幻觉，
> 当你有了《新视线》，
> 所有的旧势力都会知难而退！

　　一连串不停翻页的超现实幻觉，全变成了杂志的现实，我用这几句文案来强调现实与超现实的转移变换！

　　大家对《号外》都不陌生，因为它的开本大如海报，里面常有一些新的各行各业的情报，很好看。

《号外》形象文案
> 在拥挤的现实与天马行空的乌托邦之间，就是《号外》。

　　这句标题很清楚地表达了，它既能写实，也够超现实，是记录真实却又能够挥洒梦想的一本杂志。

> 这个时代不能没有《号外》。
> 每一处被感动的地方都经典，
> 美味透进了味蕾，巧思滋润了身体流域，
> 你以好奇心翻页，刷新了自己的梦想速度。

　　《号外》的美食专栏或是报道很厉害，不只是介绍店面，还呈现出食材的独特个性和独家料理的观点，你只要以好奇

心翻页，就会刷新自己的梦想速度，这意味着这本杂志的更新速度很快。

香港很小，
像是多面体的钻石，
全世界的样貌都映在上面。
高压城市下的节奏明快，没有一页是多余的，
同时批判也同步启蒙，同时创作也同步记录，
关于建筑、家具、艺术、设计、美食、文学、旅行……
在拥挤的现实与天马行空的乌托邦之间，
《号外》是法则，也是境界。

意思是：这本杂志很新潮、很有风格，它也代表了一种法则、一种典范、一种美学与品位的境界。

▷ 案例十五: 台北市的形象文案书:《台北观自在》

如何写一个城市的形象文案？我以自己写过台北市的形象文案为例。我在台北出生，在台北长大，在台北求学，在台北工作，家人也都住在台北，台北就是我的家乡，我该怎么写家乡的形象文案呢？你可以想象一下，自己就是家乡的观光大使，如何为它写一篇形象文案以吸引大家过来观光？这个练习是最基本的，因为你对自己的所在地很熟悉，你一

定能写得比不住在此地的人好，你有办法为自己居住的地方写出好文案，才有办法将自己置入其他城乡来写文案。

　　写台北市的形象文案对我来说是非常容易的，因为我数十年都活在这里，于是我写了《台北市幸福格言》来架构台北市民的幸福生活样貌（已收录进《广告副作用》）。当时他们很喜欢我写的形象文案，希望能够出版一整本更大规模的"形象文案书"来描述台北的细致之美，所以我定名为《台北观自在》。"观自在"这个词是从佛教而来，就像是我们所知的观自在菩萨，就是希望每个台北人能够用修行、禅定的方式来享受台北的生活，而不是用匆忙、焦虑、烦躁的步调在台北过日子。

**眼耳鼻舌身意的敏锐六感，
创意体验台北的大千奥秘！**

台北，梦想、艺术、未来都在此大量流动——
这里是知识与情报交汇的新鲜市集，
也是鲜活多变的异彩空间，
宛如一本翻阅不停的生活巨书。

我们以细微的六感，
以鸟的视野、风的听觉、花的气息、
茶的余香、泉的触感、人的好奇，
阅读了这个精彩如梦的城市。

　　整本《台北观自在》，我以眼、耳、鼻、舌、身、意六

大主题，来贯穿台北硬件设施及软件文化。莺歌陶瓷博物馆是我写过字数最多的文案，但现在这是一整本的形象文案书，字数远远超过它，也就是说作为一个文案创作者的最终极技能，就是有办法为这个商品、品牌、企业、城市等写出一整本形象文案书，这就是文案创作者的最大挑战。

这本《台北观自在》形象文案书非常厚，摘几句跟大家分享一下我是怎么描述台北市的。

> **眼**
>
> 人类灵魂在这个世界上，
> 所能做的最伟大的事，
> 就是能看事物。
> 看得清楚就是诗、预言和宗教合而为一。
>
> ——罗斯金《现代画家》

我用这段引言，把眼、耳、鼻、舌、身、意的"眼"拉到最高境界。

> 以艺术名家敏感之眼，创绘台北异想七彩的美。
> 以电影导演深刻之眼，再现台北生活故事的影。
> 以悟道禅师空性之眼，领会台北日夜生灭的光。
> 唐朝诗人李白笔下的
> "宴坐寂不动，大千入毫发"，

> "一坐度小劫，观空天地间"的境界，
> 就在千年后的今天，
> 在台北上千个影音空间中
> 日夜上演。

　　台北有近百个戏院，最棒的是每年都有好多影展，包括奇幻影展、女性影展、纪录片影展、金马外语片观摩展……这也是我很重要的创意灵感养分。

> 虚实影音交晃，台北市民嗨嗑电影的耽溺地图：
> 这里就是随时补给灵感，瞬间增加人生阅历的生命市集。
>
> 各名目的电影节庆，占满了台北市民一整年的月历，
> 我们在各种精彩故事中兴奋地赶场着，
> 活在台北一天，
> 就是好几辈子的人生如戏，世事如棋。

　　这就是我以自己在台北赶各个影展的心得所写出来的文案，仿佛是在写自己的日记、传记。

> **耳**
>
> 神给人两只耳朵，
> 但却只给一张嘴，

> 让他听的事物是说的两倍。
>
> ——斯多葛学派哲学家　爱比克泰德

　　我非常喜欢这两句话，我把它们从我的文案灵感库里捞出来表达《耳》，意味着我们应该多听少说。我还继续回想，在台北可以听到哪些声音？

蛙的狂鸣、鱼的呢喃、鸟的高歌、树的风哨、溪的潺声，
整座大自然剧院，
不需要任何一位指挥就能琴瑟和鸣，
灵魂的低谷，
在此瞬间就可以丰富充满。

很感谢在台北很多地方，我们还可以随时收听到：
生生不息、众声交响、谁也无法复制的原音天籁。

以敏感的耳朵，画出四张台北的声音地图：
尽可能地，
把生命中最宝贵的假日早晨，
浪掷在这些天籁村之中。

全球视野

有时候，我会尝试将自己放在地图师的位置上，
远眺会激起一种慑人的惊奇感，

仿佛空间确实是无限的。
这项召唤对我们所有人而发，
要我们去参与一个高度想象的事件。

在我的斗室里，
观念有真正合流的可能，
因为我的看法很轻易就和访客的看法融在一起，
我们利用对方的经验，
一起把这些线索编织起来……

　　　　　　　　——詹姆士·考恩《地图师之梦》

我们找到一处和平共享情报的时空交界，
每一场音乐、仪式、狂欢、享乐、消费、
美学、意识、感受、记忆、冲动、声音、
自由、灵感、梦、游历、期待、进化、希望的发生，
都没有时差。

科技新生的城市感官系统，
强化我们与外界的信息连接，
以最高速精准的未来，
同步排练出：
完美地球村联盟的种种细节。

> **未来，**
> **就是完成极限，**
> **让想象全部变成真实的时候。**

整本的《台北观自在》已经全部收录进《广告副作用：商业篇》里，大家可以自己去看一下全文，但建议大家先写出自己所在城乡的形象文案后再看为佳。

二、公益广告

企业想要办公益活动，文案就必须写得有社会使命感，这是属于公益类型的文案，通常是很多广告公司拿来参加比赛的重要项目。我记得以前在评广告奖的时候，有一个公益广告文案让我印象很深刻，它的主题是希望大家能够自己带袋子，不要用塑料袋，因为塑料袋会造成环境污染，非常不环保。当时我看到它的标题是"袋袋相传"，这个"袋"就是自备购物袋的"袋"，这几个字改得非常好，买东西时使用购物袋而不用塑料袋，才有办法代代相传。

我还看过一篇台北交通局的文案，标题是"安全，是回家唯一的路"，因为如果没有安全，就回不了家。我还特别喜欢一部分享次数上亿的公益广告影片《善意的回旋》，它的影像是：一个小男孩跌倒，有个修路工人扶他起来，这个小男孩之后去扶一位过马路的老太太，然后老太太帮助了下一个人……

一连串把助人的爱传下去的过程，到最后，一个服务员收到小费，她很开心，她看到路边有个工人在辛苦施工，于是就主动倒了一杯水给他，而这位施工工人，正是当时扶跌倒小男孩的那位，一连串回旋之后善意也回到他身上，让我们在几分钟内了悟因果循环。这些优秀的广告短片成了我的灵感缪斯，让我能以更深、更广的角度来写公益类广告文案。

▷ 案例一：台湾《天下》杂志"smile for trust"活动

如何写一则公益广告，或是一个有社会使命感的文案？一个企业可以站在"大我"的角度上来做公益主题活动，可以发表一段宣言，举办一个活动来让这个社会变得更好。《天下》杂志基于当时整个社会遍布着彼此不信任的氛围，想举办一个"smile for trust"的主题公益活动，就是"信任与微笑"。我把"大我"的画面自动生成系统打开，开始了这篇文案的书写。

> **smile for trust**
>
> **恐惧，使我们害怕失去，是创造力最大的敌人；**
> **信任，让我们乐于给予，是所有改变的开始。**
>
> **当我们开始不信任这个环境，**
> **抱怨与防卫，只会让一切更糟，**
> **因为所有发生在我们身边的事，**
> **都是集体意识的结果。**

> 所以，让我们相约一起做一件事：
> 从下一刻起，大家一起 Smile For Trust，
> 先从信任自己开始，
> 信任自己所做的每一件事，
> 让自己所做的每一件事都值得被信任。
>
> 如果每一个人都在同一时刻做到了，
> 我们的环境就可以瞬间变好：
> 每一道食物的生产都是令人放心的，
> 每一件商品都可以安心使用……
>
> Smile for Trust. Trust is Power.[1]
> 相信自己，让别人相信，
> 就是改变环境的第一波关键力量！

　　我希望通过《天下》杂志这篇活动文案，呼吁每个人先调整自己、信任自己，信任自己所做的每件事，让自己所做的每件事都值得被信任。如果每个人都这样做的话，这个世界就会瞬间翻转。

▷ 案例二：诚品"反虚华，Be Rich[2]"座谈会

　　诚品希望通过"反虚华，Be Rich"座谈会呼吁大家不要过度追求物欲，不虚华，让内在自然丰盛。

---

[1] 对别人的信任微笑，信任就是力量。
[2] 丰盛富有。

最富裕的人，就是需求最少的人！

反虚华，Be Rich，夏秋心灵补给活动开始！

人们常常倒退着过日子：
他们想要拥有更多东西或更多金钱，
以便能做更多想做的事情，
好让自己更快乐。
其实反方向才是对的，你必须先成为真实的自我，
然后做你必须做的事，以便拥有你想拥有的。

——Margaret Young[1]

太多的虚华，让我们忘了自己是谁，
太多的追逐，已经搞不清楚自己到底要的是什么。
卸下一身名牌，才发现自己什么都不是。

炫耀手上五克拉的定情戒，
其实心里想要的是两人真心独处 5 个小时。
一身病痛，踩着名贵的高跟鞋进出冰冷的医院，
其实想要的是能有一天，
赤脚健康地在草原上享受阳光。

不要再为别人的眼光做牛做马了，
我们的尊严不需要光鲜亮丽的头衔，
我们的价值不需要巴洛克式的虚华，
转向内心找到真实的自我，

---

[1] 玛格丽特·杨，瑞典演员。

> 想清楚自己要的是什么。
> Be Real, then be Rich.[1]
>
> 今年夏秋最丰沛的心灵补给线：
> 反虚华，Be Rich 系列活动，
> 请现在就开始为自己预约，
> 在一场场幸福丰足的心灵宴飨里，
> 享受与真实的自己相遇相知的惊喜。

　　我的书柜里至少有一半是跟心灵成长有关的书，因为这个主题是各年龄层、各职业、各生命阶段的人都需要的，所以我平时阅读的书单里，这类型的书会占相当大的比例。

　　"信任、反虚华"是我在看心灵成长类的书时经常思考的议题。我建议大家的书单中至少要有三分之一与心灵成长有关，一方面对自己有益，另外一方面也可以提炼出生命的智慧，放在你的文案里面。

▷ 案例三：P&G 药厂"女人 6 分钟护一生"活动

　　P&G 药厂倡导每个女人每年至少空出 6 分钟来自我检查身体，当时他们请林志玲代言推广了这个活动，叫作"女人 6 分钟护一生"。我把这篇公益广告文案分为女人篇和男人篇。

---

[1] 成为真实，才能丰盛。

女人篇
女人 6 分钟护一生

上帝给女人一天 24 小时 =1440 分钟。

女人花了 183 分钟在照顾小孩或是宠物，

花了 65 分钟在疼爱老公或情人，

花了 20 分钟在修剪花草盆栽或是花园，

花了 105 分钟买菜、料理、做家事及处理财务，

花了 480 分钟在办公室努力工作、关心同事，

花了 52 分钟关心公婆父母兄弟姐妹，

花了 25 分钟热心小区事务，

花了 45 分钟看新闻、关心国家大事。

女人把大部分的时间都给了别人，

然后就只剩 45 分钟打扮自己准备出门，

剩 420 分钟睡觉休息。

于是，女人把上帝给她一天的时间全用完了，

却忘了留时间给自己的健康。

从现在起，

我们提醒每个忙于照顾别人的女人，

每年空出 6 分钟给自己，

三个重点都关照，6 分钟，护一生，

请为了爱你的人与你爱的人，

好好爱自己！

谢谢每位女性，也提醒每位女性，不要把自己的时间都拿去照顾身边的人，却忘了照顾自己。这篇文案是呼吁每位女性，要留点时间照顾自己。

男人篇
每天全心听她说话 60 分钟

每周贴心为她分担 6 件家事。

每月专心与她独处 60 个小时。

每年用心陪她去检查 6 分钟。

三重点·全部都关照，

6 分钟·爱她护一生。

呼吁每位男性每天腾出 60 分钟倾听自己的妈妈、太太或女儿说话。大家平常可以练习的是：选一个你很关心的社会公益主题，就这个主题来练习写文案，文中必须有具体建议、具体的主张及其可操作性。你也可以为这个活动预设一个企业、品牌或是产品。例如，之前有个 16 岁的瑞典小女孩发起的"罢课救地球"，表达的是以一个小孩的力量唤醒全球。

▷ 案例四：诚品书店无国界医疗团摄影展

无国界医疗团简称 MSF，是一个与联合国关联的公益机构，也是欧盟重要友好的非官方组织，主要是以紧急医疗救助为主。它的成员包括医生、护士、麻醉师、复健师、心理咨询师，机构对受到自然灾害侵袭，或者是因为种族、宗教战争导致受伤的难民进行医疗救助。

诚品书店举办的无国界医疗团摄影展的作品，是由来自世界各国十位优秀摄影家，跟随这些医护人员去现场拍摄的照片。他们以摄影师的眼光及亲身体验，记录无国界医疗团的第一现场。这些摄影作品组成摄影展后，有助于我们了解在世界其他地方有很多人在受苦受难，也促使我们反思、理解，甚至思考我们能够帮他们做些什么。

当时我看了很多相关资料、影片、照片，摄影师罗伯特·卡帕（Robert Capa）说的一段话让我很感动，他说："如果你的照片拍得不够好，那是因为你离战争还不够近。"到目前为止，我还没有看过比这句话更精准、更能打动人心的描述，所以我用这句话作为无国界医疗团摄影展的标题：

> **如果你的照片拍得不够好，那是因为你离战争不够近**
>
> ——罗伯特·卡帕
>
> **面对即将消失的世纪，**
> **10 位摄影师用相机，延续烽火下幸存的生命力，**
> **所有的镜头与底片，在人的使用下有了人性。**
>
> **11 月 23 日至 12 月 8 日，**
> **世纪末·无国界医疗团影像展，请你目击，**
> **MSF 无国界医疗团全力抢救，**
> **一切来不及阻挡的悲剧生命。**

当时这篇文宣还配上了十位摄影家的作品，每一幅都非常震撼人心。大家可以在网络上搜索这个摄影团队还拍了哪些照片。

这篇文案完成后我写了一个后记：

关于摄影展

容易激动、容易对立、容易感染，就是不容易感动。
不停天灾、不停人祸、不停流血，不停的人心腐败。
罹患绝情、罹患绝症、罹患绝望，绝处没有再逢生。
镜头下这些人，不知道是否还活着——

如果 1994 年的台风放过马达加斯加岛上的 30 万人，
如果艾滋病和毒品从未进入泰国，
如果 1975 年莫桑比克的 300 万人免于内战，
如果巴黎的 700 个孩子躲过铅落尘，
预言中的末日尚未发生，枪口下的悲剧已经开始。
面对即将消失的世纪，
一夜屠杀，输光了所有的信任，
请看看这些历劫归来的人。

我自己平时也尽可能地收集摄影作品集，为自己深度洞悉人性的感官灵感库做定期的积累。

课后
练习

▌塑造品牌形象的文案终极指南

    1. 从优秀的广告中学习。

    2. 思考人与产品的关系、定位，将自己放进消费者身体里。

    3. 生活是文案的养分，无论食谱、处方、说明书……都可以纳入文案灵感库之中。

    4. 写企业形象文案时，先要长出主树干，再扎根到它的核心精神，让枝叶繁茂。

▌练习题

    选一个你很关心的社会公益主题来练习文案，文案中必须有具体建议、主张以及行动力。你也可以为这个活动预设一个企业、品牌或是产品。

实操熟练
各类型的
文案文体

在我们打下前三阶段的基础后，现在即将进入最后"实操熟练各类型的文案文体"的阶段。

艺文文创、
商场、地产文案

一、艺文文创类文案

近几年来文创产业兴起，文艺风、文青风的文案开始流行。我是从写诚品书店的文案起家的，当我出版《诚品副作用》后，就有许多这种类型的文案工作来找我，我选出几个这种类型的文案作品，跟大家解说背后的灵感与思路。

▷ 案例一：诚品书店"张耀咖啡摄影展"

一讲到咖啡，你会想到什么？

喜欢喝咖啡的人与喜欢喝茶的人有什么不同？

你可以把这个主题作为观察生活的练习，比如走进咖啡馆，观察一下：是什么样的人在喝咖啡？他为什么来喝咖啡？他喜欢喝什么样的咖啡？他在喝咖啡的同时在做什么？喝完咖啡之后他的状态有什么不一样？究竟是什么组合的人会一起去咖啡厅？他们在聊什么？

如果我们把时间拉长，追溯到更久之前咖啡的历史，大家可以看《上瘾五百年》，这是一本关于咖啡、烟草、酒的历史书。书中提到：

> 人类学家安德森指出，世界上通行最广的名词就是四种含咖啡因的植物名称，包括咖啡、茶、可可和可乐。而咖啡却是含咖啡因植物中最具经济价

值的，也一直是世界上流通最广的贸易商品，仅次于石油，一样成为工业文明中不可或缺的一种能量来源。咖啡的发祥地是伊索比亚高地，当地人习惯于嚼咖啡豆，而不是以冲泡的方式来提神。一个法国医生这样形容法国文豪伏尔泰：伏尔泰是最显赫的咖啡瘾君子。"阿波罗 11 号"上的航天员，在降落月球三个小时后，随即喝起了咖啡，这个是有史以来，人类在其他星球饮用咖啡的先例。

光是这段话，是不是就已经把你对咖啡的想象拉得比较遥远了？这就是阅读的重要性。在日常生活里，我们没有那么广阔的时空体验，但是看书可以把我们对咖啡的理解瞬间拉大，让我们能够有更多的素材来写咖啡。

《上瘾五百年》这本书里也提到，咖啡风行于欧洲是 17 世纪后半叶的事，当时咖啡馆很快就成为男士们宴饮、闲聊的重要地点，之后也有很多的名人聚集在此讨论文学与政治，咖啡馆成了吸引知识分子与作家的磁铁。

另外，我还有一本参考书《帝国与料理》：

16 世纪，喝咖啡这个活动会创造出一种新的社交场合：咖啡屋，或者是咖啡馆，这有点像是中国过去的茶馆一样……文人雅士在这些咖啡屋里面讨论自己的创作，下棋，跳舞，唱歌，还兼聊政治。

我要写诚品书店举办的"张耀咖啡摄影展"文案，必须先去读张耀的《打开咖啡馆的门》，书里有很多他拍的世界各地咖啡馆的图片，以及围绕着咖啡的故事。我根据书中的情节完成了这篇文案。

有史以来，咖啡因最多的书展

歌德、叔本华、尼采、李斯特，
西班牙广场，克里克咖啡馆。
白先勇、黄春明、林怀民，
50 年代，现代文学的明星咖啡店。
巴赫、海顿、舒伯特，即兴演奏，
深夜打烊的音乐咖啡馆。
余光中、洛夫、杨牧，无限续水的衡阳田园咖啡厅。
我不在家，就在咖啡馆。

书桌上的咖啡书，书桌上的欧洲，
把中间的位置留给哲学家的Café Sperl[1]。
一个门通往天堂，另一个门靠近地狱的 Demel[2]。

---

[1]　斯佩尔咖啡馆。
[2]　德梅尔咖啡馆。

> 36 法郎，左岸最贵的巴黎 Café Aux Deux Magots[1]。
> 一直延毕的老大学生，
> 视 Café Haag[2] 为维也纳咖啡大学。
>
> 六十多家有故事的咖啡馆，都在欧陆，
> 都在张耀的《咖啡地图》里，
> 正灵感沸腾地煮出咖啡香……

歌德、叔本华、尼采、李斯特曾经来过西班牙广场的克里克咖啡馆，他们的灵感与写作都在这里完成。同样在喝咖啡，咖啡给了这些文人雅士灵感。

这个摄影展的主题是咖啡，所以我写下"有史以来，咖啡因最多的书展"，把对咖啡的嗅觉写进平面无味的文字里。

平常你也可以练习一边喝咖啡一边写有关咖啡的文案，充实你的灵感库。

▷ 案例二：诚品敦南店古董笔特展

我们长期用手机、电脑，已经很久没有写字，但是用笔书写还是一件很重要的事。日本神经内科医学博士米山公启有一本《笔记本成功术》，书中强调，用笔书写需要动用到

---

[1] 双马哥咖啡馆。
[2] 海牙咖啡馆。

人的运动神经、感觉神经、视觉中枢、语言中枢等大脑功能，还需要处理感情和推理的能力，可以说是用到了大脑的所有功能，对锻炼大脑能力十分重要。他认为，如果过度使用手机或是电脑，用笔在纸上写字的机会会越来越少，这样大脑很容易僵化、退化，历史上的天才都是动笔书写的，达尔文一生写的信件总共有 7591 封，而爱因斯坦有 14500 多封。

自从人们有电脑、手机后就很少拿笔了。用电脑打字与用手写字有什么不同？当我们收到一个人用手写的信时，可以从他的字迹、用笔的力道，感觉到这个人当时的情绪与个性。可是如果你收到一封电脑打字的信或是卡片，是没有什么感觉的，无论上面写的多么有感情，你还是觉得那好像是电脑写出来的东西，没有人的情绪力量。

我常去威尼斯，看到很多手工制的羽毛笔，或者称为鹅毛笔，笔杆就是一根鹅毛，会染成白色、金色、粉红色、紫色等各种颜色；博物馆、美术馆里也会看到作家们使用过的笔，每支都带着他们的个性，绝对不是现代人用的圆珠笔。笔对我来说就代表着书写欲，一种非写不可、不写会死的状态，一个人的创作欲来的时候，身边如果没有笔，就会很焦虑。

有一部电影叫《鹅毛笔》，主人公小说家萨德侯爵就是这种一旦创作欲来了就会疯狂写作的人，甚至如果有人把笔拿走，他就用酒与血写满整个身体、衣服、床单、墙壁，就像水库泄洪似的，挡都挡不住。这部电影把狂热书写欲表达得非常好。

对于一个创作欲很强的人来说，笔就是一个宣泄的水库，没有笔，他会死。

《全球一流文案：32位世界顶级广告人的创意之道》里提到一位美国知名广告文案创作者，灵感来的时候，会在地铁上趁旁边老妇人不注意，从她的购物袋上撕一角下来写文案，或是用树枝或石块在人行道上写，在已经弄湿的鸡尾酒会餐巾上写，在厕所的墙壁上写，在路人的衣服上写，有时甚至在情人的皮肤上写——写文案的人一定要非常热爱写字、热爱阅读，文案只是作家的另外一种身份，不只是职业或是技巧，因为只有对文字创作如此狂热，才能让文案有生命力量。

正因为我对笔有感情，所以才很愿意在这篇文案上做很多思考以及书写。我觉得阅读与写字是同一件事情，就像一体两面，当你用心深度阅读时，会同步回应着作者的叙述。如果你能够跟书的作者对话，那就如同在心里写字一样，那个响应就可以变成另一种形式的书写。对我来说，阅读欲与书写欲是一起出来的。所以当诚品敦南店要写一篇古董笔特展文案时，因为对笔非常喜欢，我把跟笔相关的文献资料都找出来，扩大笔的时间和空间，海选更多素材，让这个笔是有深度的。

重温握笔的感动
写字的人不说话，一段关于笔的二三事

曾几何时，工厂统一规格的笔，取代手工制笔，
让不同的手习惯一种握笔，一种表达。

曾几何时，电话取代了书信往来，
1 分钟 90 个字的效率，取代纸上耕耘的笔迹，
过耳即忘的冷漠，取代永志于心的感动。

曾几何时，电脑打字取代了手写笔迹，
文字失去了入木三分的感情线条，
人失去了纸上刻镂思绪的力道，
而笔，失去了人的气味。

史学家的笔，第一次写字的笔，
父亲送的笔，签约用的笔，
专家用的笔，代表身份的笔：
一支竹笔蘸了尼罗河的水，填满了埃及的历史哀荣。
一支钢笔蘸了日夜思念的泪水，
写成了阿伯拉尔与爱洛伊丝的情书。
一支彩笔蘸了大溪地的水，画出了高更的原始野性。

笔因气候而有情绪，
人因情绪而有灵感，
笔因灵感而有生命。

> 古董笔展，
> 在白纸的童贞前，
> 重新端详百支有年份、有来历、有气味、有流传的古董笔，
> 重温握笔的感动。

不同的笔代表不同的文化、不同的故事，我通过文案把与笔有关的故事还原出来，例如关于埃及的历史，一篇情书或是一幅画，它所用的笔都有年份，甚至有的笔比人还要老。如果你买了一支古董笔，意味着它已经写了好几代的故事，早在你出生之前。

这些古董笔可以传家：爷爷在爸爸毕业典礼时送给他一支名贵的笔，爸爸在为自己创办的公司签约时就用这支笔，然后再传给儿子作为生日礼物，这就是传家的温暖亲情；老师送给喜欢写作的学生一支笔，希望他将来能够用它来完成著作，帮读者签名……每一支笔的背后都有着沉甸甸的情谊，送礼的人送的不只是笔，还连同他对接受者未来新身份的期许。

▷ 案例三：诚品服装书展

我写的第一篇文案是中兴百货的文案，所以关注比较早的领域就是时尚与服装。中兴百货有一段文案："在服装店培养气质，到书店展示服装。"这个文案要表达的是：到中兴百

货买衣服的人，也会到书店看书，他们是一群既时尚又智慧的精英，所以服装与书本之间有很多可想象的共同灵感画面。

我看过一篇印象很深刻的文案："女人想穿、男人想脱的衣服。"一听就知道这件衣服很性感——好的标题即便只有几个字，也能让人看到穿上这件衣服之后的变化，就像叶旻振写过的一篇得奖文案："可怜旧情人，看不到我的新内衣。"

中兴百货也有很多关于服装的经典文案标语，比如"衣服，是这个时代最后的美好环境"，你看到这句话，就得审慎地挑好衣服，要不然连最后的美好环境都没有了，这就是把服装概念拉到最终极的文案。

还有一篇得奖的中兴百货文案是这样写的："服装是一种高明的政治，政治是一种高明的服装。"穿上一件衣服就扮演了一个样貌角色，展示了权力形象，就像政治一样。这里把服装与政治做了一个很好的对喻。这篇文案的详细内容是这样子的：

　　当阿玛尼套装最后一粒扣子扣上时，最专业而令人敬畏的强势形象于是完成了。白衬衫，灰色百褶裙，及膝长裤，豆沙色的娃娃鞋，今天想变身为女孩。看见镜子里身上的华丽刺绣晚装，于是对晚宴要掠夺男人目光，并令其他女子产生妒意的游戏胸有成竹。仅一件最弱不禁风的丝织，细肩带，透衬衣，就会是他怀里最具攻击性的绵羊。

衣服是性别，衣服是空间，衣服是阶层，衣服是权力，衣服是表演，衣服是手段，衣服是展现，衣服是揭露，衣服是阅读与被阅读。衣服是说服，衣服是要脱掉的。

服装是一种高明的政治，政治是一种高明的服装。

这篇文案很有视觉感，平面设计也非常华丽：以同一位模特分饰两个角色，一个贵族女主人，一个女仆，二人在同一张平面稿上互相对望。虽然脸上都洋溢着自信和高傲，但因为衣服不同，呈现出身份和阶级的差异。

如果你要写一篇与服装有关的文案，建议平常要看大量的与服装时尚相关的书籍、纪录片、传记电影，这些都能让你感受到立体的生命力，写出的文案才能有生动的视觉效果。比如加布里埃·香奈儿的传记《香奈儿的态度》，这本传记有很多描述服装或服装设计师的生动文字，充分表达了香奈儿的个性，正因为她有个性，所以她的服装也很有脾气。在传记里有人这样形容她："黑色的胆汁从她炯炯有神的双眼流泻而出，她那用软黑眉笔勾勒出的眉峰越加鲜明，就像一道由玄武岩构成的拱门。香奈儿人是一座火山，但全巴黎都误以为这座火山早已熄灭。"她自己也说："孤独锤炼了我的个性，让我拥有暴躁、冷酷又傲慢的灵魂和强劲的身体……是我解放了女人的身体。"

当时诚品书店要我写一篇秋冬服装书展文案，我阅读了大量与服装、服装设计师有关的图文影音，然后写了一句标题："书妆打扮"。用书本的"书"取代梳妆打扮的"梳"。

书妆打扮

川久保玲的服装，染上三岛由纪夫式的死亡黑。

日本服装设计师川久保玲设计的衣服大部分是黑色的，而三岛由纪夫刚好也是日本很有名的"黑色"作家，所以我形容川久保玲的黑是有深度的黑。

伊夫·圣罗兰的房间，
以《追忆似水年华》的角色替房间命名。

《追忆似水年华》是法国作家普鲁斯特的作品，描绘了 19 世纪末 20 世纪初法国上流社会文人雅士的心理以及生活。这套书非常庞大，有 4000 多页 200 多万字，总共七册。普鲁斯特的弟弟说，如果要读《追忆似水年华》，得大病一场，或是把腿摔断，要不然哪来那么多的时间。圣罗兰是一位服装设计师，他以《追忆似水年华》中的角色替自己的房间命名，

因为他很喜欢这套作品。

> **罗夫·罗伦专柜的长裤和衣衫间，摆一本临床心理学。**
> **Gianni Versace[1] 的皮革配真丝，**
> **暴露了肉感的意大利古典主义。**
> **哈美奈把佛教戒律学和集体潜意识哲学，**
> **反映在运动衫的设计上。**

能够设计出这些经典作品的服装设计师，其阅读常常跨领域且很有深度，甚至还会读佛教、心理学等领域的书籍，或是非常大部头的文学。

> **服装让身体自恋，阅读让心灵自觉。**
> **对漂亮衣服和好杂志一样没有抵抗力的男人女人，**
> **诚品阅读提供了服装以外，**
> **更多让你自信出门的生活情报。**

诚品举办这个服装书展，希望能够呈现出这些服装设计师非常独到且有品位的阅读样貌。

关于服装，可以看一部关于山本耀司的纪录片《都市时装速记》。导演文德斯用影像记录了山本耀司设计服装的过

---

[1] 范思哲。

程，山本耀司会从书中的老照片找到设计灵感，会用黑色布料缝制一件件有历史感的服装，每穿一次就变身一次，他自己也说，穿上这些衣服，就像穿上日积月累的陈年记忆、童年时光。另外我也推荐知名服装设计鬼才亚历山大·麦昆的纪录片《麦昆》，他把自己爱恨生死的人生历程完美融入了服装。

书是服装设计师剪裁文化气质的重要素材，也是让盛装的人看起来更美、更有气质的保养品。我们平时可以练习写与服装有关的文案，可以自己选品牌，或者自己设计品牌。假设你有一个自创的服装品牌，你想怎么定位它？它的风格是根源于你什么样的个性？

我自己也对服装很有兴趣，我的梦想之一也是自己设计服装，所以我在《恋物百科全书》中写道："我期待'出版'一整柜的衣服，一季一次，一件一篇，含剪裁，如果我可以出版'亲笔绘写'的布衣，一式一件，按季在伸展台上借人体发表，我就不再出版书了。"

二、商场类文案

在所有文案类别中，收益最高的是房地产文案，其次就是商场文案，如果你要做一个高单价收益的文案创作者，一定要会写这两种文案。

我想跟大家分享我写的上海大悦城商场开幕文案，希望通过对这个案例的分析，你也能够很快上手，写出一篇商场的文案。这些方法不仅能够写商场，还可以帮你自己的网店写出大格局的文案。

▷ 案例：上海大悦城开幕文案

上海大悦城开幕文案分为两个阶段，一个是开幕前的预告，另一个是开幕当时的文案。我与客户开会时，面对着一整张商场剖面图，很仔细地了解每个楼层的品项品牌、空间动线，细读他们的消费者分析报告，甚至还去附近竞争品牌商场看了一下，看对方的特色跟我们有什么不一样。

我们讨论出上海大悦城的消费者群体是比较年轻的，大概是 20 岁到 35 岁之间的上班族，这个群体正处在恋爱、结婚、生子的阶段，所以我与客户共同提炼出"爱"这个主题。此外还有一个原因是：大悦城顶楼有个摩天轮，这是爱的地标，将来会成为全上海人表白的地方，所以我用"爱"的主题贯穿开幕前、开幕后所有的文案，包括每个设施以及爱的告白空间……希望大悦城能够成为年轻人恋爱的地标或是告白的所在。

开幕前预告文案
2015 年大悦城 · 爱的宣言式
终于找到一个，

能大声表达爱，
却完全没有风阻的地方！

相见总是恨晚，
示爱永不嫌晚！
午夜梦回的迷恋，
到今天终于有了：
惊人的表述能力！

让我们像孩子一样，
童言无忌地喊出爱！
让我们像初生之犊，
无畏无惧大胆去爱！

有话不藏心底，真爱不留遗憾——
请以最有创意的话语，
说出让对方永生难忘的爱情表白，
写出一张让对方感动到哭的卡片，
用最出其不意的惊喜传达你的爱！

如果现在没有情人，
请把这满盈的爱给家人、闺密、换帖兄弟、未来的情人，
或是给最需要爱的老人、孩子……
今天所见到的每一个人，
都是我们可以给爱、练习爱的对象！

这篇文案并非只写给正在谈恋爱或者渴求爱的年轻人，

我也希望他们的爱能扩大到去关怀周围需要爱的人。

在魔都的心跳区，
终于找到了一个：
爱情能见度最高、可以大声表达爱，
却完全没有风阻的地方。

　　我们也知道爱在现实生活中可能会受到一些阻挠，比如身边家人的意见，好像爱在这个城市里的风阻特别大，所以我希望他们到顶楼，远离了地表上的阻力，就可以大声表达爱。

大悦城，
邀请每一位有情人，
把我们的真情表白传向四方，
让每一个人都听见爱的回音！

　　这段话是配合顶楼爱的告白区的，因为那里有个叫"大声公"的装置，任何人都可以在那里表白，几乎所有人都听得到。

开幕前造势活动之一：天使行动车队·摄猎真爱之吻

　　开幕前，大悦城做了一个宣传活动，派出车队去大街上收集情侣们的亲吻照片，放在大悦城商场的墙上。他们每"摄猎"到一张照片，就会化成一元壹基金来做慈善公益。

天使行动车队 · 摄猎真爱之吻

10 月 19 日起，
大悦城派出最大规模天使行动车队，
四处捕获全上海最甜蜜的情侣。
把他们的吻，留在我们的 Kissing point[1]，

每一枚吻，
都会化成一元的壹基金，
让你们的爱蔓延全城。

幸福定格 · 爱情相馆

我们还会装配好一台
追踪爱的移动照相馆
现场采集最动人表情
记录每分每秒正发生
城市每一处爱的现场

---

[1] 大悦城商场收集情侣亲吻照片的墙。

这些行为不限于情侣，也包括亲人之间的拥抱，他们在上海到处采集爱的证据——文案就是脚本，你把视野画成一格一格的故事景窗，整个商场就活起来了。

开幕前造势活动之二：爱的信物展

开幕前第二个造势活动是"爱的信物展"，就是向全上海收集情人之间的信物，做一个展览。

2015 年大悦城·爱的信物展

终于找到一个，
可以保鲜爱情，
却永远不会过期的地方！

爱情要保鲜，刀功要细腻，
相处要火候，忠诚原汁味，
爱情的可贵，
就是自己与自己所相信的东西，
很靠近！

从我的真情，
提炼出永恒的信物，
送给你，

让我的爱陪你上天下海，
陪你一生一世！

我的誓言，
比石头更坚定，
比钻石更纯净，
虽然地球上没有任何一样东西能代表我全部的爱，
但只要你看到这个信物，
你就能瞬间超越时空限制，
随时随地链接到我们广大的爱的信息场，
你就能记起所有，
我们曾经发生过每一分每一秒爱的细节！

11 月 19 日，爱的万物论，
大悦城开始向每位有情人，
收集爱情密度最高的信物，
在恋情引力最强大的中心，
把爱辐射到全城各个角落。

　　每一字每一句都在表达大悦城是爱的地标，它收集爱的照片，还有爱的信物。我把大悦城定位成"恋情引力最强大"的中心，它有能力把爱辐射到上海的每个角落——带着像谈恋爱的心情、写情书的方式写商场文案，其实是很甜蜜的，这样的文案就可以黏住人的眼与心。以下是 12 月 19 日大悦城开幕的文案。

2015 年大悦城 · 爱的开幕式

大悦城以 30 颗巨钻光芒的 SKY RING，

成功地圈住了 2015 年以来最幸福时刻，

就在全上海最激动活跃的心跳区，

以告白勇气开启一连串爱的气势，

每一处、每一幕正在发生的情节，

刷新了每个上海人的爱情新境界！

这里就是感动的发源地，

呼应前面"爱的信物展""爱的宣言式"，现在已经是开幕式了。客户将大悦城顶楼摩天轮命名为 SKY RING，代表天空上的戒指，我将上面 30 个座位比喻成 30 个巨钻围出来的天空之钻，成功圈住所有幸福的时刻，也意味着在这里很容易求婚成功。

你正在寻找真爱，真爱也正在找你，

你只需要走出来，走到这里被看见！

于是我们的爱情，终于找到了永不落幕的浪漫场景！

爱情所到之处，无远弗届——

我们邀请最能追踪爱的气息的艺术家，

为我们打造每天都能翻阅惊喜的爱情舞台，

以 16 万平方米的时尚、艺术、娱乐全跨界排场，

让每一位有情人随时进行壮阔的求爱盛况！

这里是上海的爱情新地标，所以把它比喻成心跳区。商场已经把所有的排场都建好，只要走出来，就可以遇见爱情，表白爱情。平时你可以"爱"为主题，练习为店家、商场、商品、餐厅、书店或是某项服务写文案，根据你为它塑造的灵魂核心，为每个地方、每个设施、每个独特服务特别命名。

三、地产类文案

我写房地产文案有七八年的时间，在 20 多岁时一边写诚品书店的文案，一边写房地产的文案。当时 90% 的收入来自房地产文案项目，其余收入是来自诚品书店以及其他文案项目，而这 10% 里有一半以上是来自商场的项目。

对我来说，房地产文案项目是面包，诚品书店文案项目是爱情，我把诚品书店文案当成个人作品来创作，但房地产文案不是，我会受到很多限制，如果房子的总价较低，那就没办法写得太难，只能用很简单的语言表达它的地段或是价格。20 多年前，我接了一个位于台北郊区，每套房屋总价才 20 万人民币的项目文案，于是我写了一个很霸气的标题，"如果你买不起这个房子，你要好好检讨一下，你的钱都花到哪里去了"，以此来表示这座房子真的超级便宜。

通常，房地产文案不会只有一篇主文案，它的规模很大，会有很多附属文案，包括要介绍房子的特性、各个设施等，往往会是一整本，所以提炼整个地产文案的核心精神就成了最重要的步骤。

如果遇到顶级地产文案项目，就可以写得非常有味道。我有非常充分的旅行经验，特别是主题式的建筑之旅，这对于写地产文案是非常重要的，我知道什么是光影透过水把波纹折射到建筑里的感觉，如果没有见过这样的景色，很难通过文字来描述一个还没有成型的空间。所以对我来说，旅行其实不是花费，反而是养分，我有办法预先看到建筑生动的样子，才能够写出来，一旦会了，文字就能够在每一位读者、听众或观众脑中还原出美好的空间氛围，这就是我独门的文案绝技。

我以台北内湖"上善若水"别墅区文案为例，跟大家演示高档次别墅的文案可以怎么架构、怎么写。上善若水是一个小型精品别墅区，日式建筑风格，总价、质感、美学品位都是当地最高档次，整个小区总共才 14 间精品别墅，可见十分讲究。所以我想了三个字作为整个案子的核心精神——精工禅。精工代表很精细的工艺，禅代表禅意，精工禅结合了精工与禅的概念，它既现代又未来，就是所谓的低调奢华。

精工禅，首座现代未来式的建筑新概念
神户六甲、大阪星田共有城市、
神奈川绿园都市、福冈香椎……
日本正渐渐形成一种新的居住思潮，
一种更生态自然、科技手工，
简素禅定的住宅趋势。

> 这样的趋势，
> 我们为它发明一个专有名词，
> 就叫作"精工禅"。

　　别墅建筑师在设计此案时，以神户六甲、大阪星田共有城市、神奈川绿园都市、福冈香椎这几个地方作为参考。事实上，客户不会那么清楚他想要表达的概念是什么，那么文案工作者就要帮他提炼出来。于是我找来这些案子的图片、影片，去找寻其中的共同点，再对照别墅的蓝图、外观、内部规划，帮它定名为"精工禅"，希望大家通过这三个字，能够很快抓到别墅文案的精神。

　　客户为这个别墅定名为"上善若水"，这四个字出自《老子》，所以我必须把整个"精工禅"的精神扣上"上善若水"的概念。

> 寻得一片上善之地，全力实现多年的梦想，
> 为台北创建一个：不可思议的完美型别墅"上善若水"，
> 因为很未来，所以让现在正在使用那些空间的人，
> 多了一份提前使用未来感的骄傲。
> 建筑师已经把
> "时间""生态""节气""态度""庆典""故事"……
> 这些概念设计进去，

> **所以历经朝夕或朝代的更替变动，**
> **仍可保有难得的居住安定感与惊奇感。**

文案创作必须通过建筑师的示意蓝图、环境地图，将2D 画面变成 3D 空间，为流动的影像加上时间，提炼出有温度的文字。房地产的特性就是它的使用时间很长，短则几年，长则要传家传代，所以文案里必须强调"经典传家""可长可久""安定感"之类的概念，为房子附加"家族历史感"，同时还要再加上"未来感"，让人觉得这个房子即使过了 10 年、20 年或 50 年还是新潮的。

> **"上善若水"根据日本建筑居住实例，**
> **汇整出"现在未来式概念"的四大元素：**
> **"地""水""光""空"四个设计概念，**
> **来阐述"精工禅"生活哲学的各自面貌。**

我必须从这栋建筑里找到四个比较抽象的哲学概念，对应到居住在里面的生活态度，所以提炼出了地、水、光、空四个部分。

> **有未来概念的日式精工禅庭、挑高 13.8 米天窗内庭、**

六进式前中后院、日式护家锦鲤运河、樱木花道、
东京 K-MUSEUM[1] 芦苇灯海……
融入精神文明的前卫时尚
与老师父苦行僧事必躬亲的精神，
在建筑业几乎失传。
这座耗费极大的时间与脑力规划的别墅，
要让每个在这里的住户，
有着住在国际知名建筑作品里的骄傲！

这是一个每天有节庆、有童年、
有野趣、有故事的家环境，
如老子的无为，看似云淡风轻般低调禅意，
却在幕后洒下精工之笔，无尽而高明的思考、推演，
为布局往后生活情境预留伏笔，
让居住者通过建筑规划、配备选材，
与环境产生良好的互动；
在有限的空间，
沉潜于无限无边的生活真味，
展现大自由与大自在。

与周围生态打好关系、与自然打成一片的房子，
自律精练，
构成最大气度、最上乘的建筑氛围。

---

[1] 东京共同沟博物馆，位于东京都江东区有明地区的一处临海公园内。

户户的前院，

与公共空间的中庭，

连成一个有层次的整体绿野，

成了"建筑的自体广场化"，

让住在其中的人，

可以通过在空间中自由地

爬升、连接、转进、暂留的过程中，

尽享各个转角景点的

耳听、眼观、鼻嗅、足触等不同感官感受。

一如庄子所形容的：

有星有鸟的天籁和气、

有水有风有树的地籁和声、

有歌有情的人籁和谐。

这是一个经过有机设计的环境，

历久弥新，

八株稀有珍贵染井吉野樱、御三家顶级锦鲤、

飞骋古川护家运河……

日式精工禅别墅，在"上善若水"14席浮岛庄园中，

完美实现！

当自己的家族住宅成了当地的地景地标，

于是住户可以在尊贵的红铜板上，

得意地刻上自己的家徽，

在外墙上题家谱、家训，或是誓言，
赋予这栋天生美好的住宅，
一个永远的姓氏与个性。

一生一栋，终极别墅，
上善若水，
台北市顶级的精工禅庭电梯别墅，
一生最好的一栋，
只有 14 户！

接下来整本《精工禅》文案必须针对地、水、光、空四个概念来做详细的介绍，这四段也呼应着整个地产空间。想一下，假设地、水、光、空四个概念由你来写，你会写出哪四种不同的意境？这个意境如何能够投射到地产本身的特质？

甘地说过一句话："在这个世界上，你必须成为你希望看到的改变的样子。"你可以做一点功课，去搜集全世界各地有机生态村的信息，例如印度曙光村、美国雪士达山、澳洲拜伦湾、东京木之花……甚至可以扩大思考源头：如果给你一块地，以"有机生态"的主题规划出心目中最理想的居住环境以及建筑的样子，它的能源是永续、干净且无污染的，空气、土地、食物非常健康，每个人在此不仅能够发挥自己的天赋，也能够与人和自然有很好的交流、共处、共创，你将那里的生活状态描述出来，并把它定位成很有气质的未来式村落，规划完、写完之后，放到你的网络平台，或许就有建筑商愿意配合你的计划来完成这个理想中的家园——这是未来很重要的趋势，俄罗斯的《阿纳斯塔夏》系列作品是很好的参考。

我常觉得自己不只是一个文案创作者，有时很想改变一些事情，脑袋里一直都有最理想的空间版本，所以当客户来找我时，我会把这个理想版本拿出来与大家一起讨论，将自己设定成这个小区建筑的共同设计者，也视自己为未来住户，这样在过程中才有机会与团队平等地沟通，甚至还能比客户达到更高的维度，改善他们原来的规划。等我构思完、画完未来生活的幸福蓝图，文案也同步完成了——只有把眼前的产品、空间或服务变得更好，我才有办法写出好的文案。如果这个地产项目不能给未来每个住户更好、更幸福的空间，我就不会接这个案子，一方面我没有感情可以写出好文案，另一方面将来住在这里的人不快乐，没有地方交流，大家就越来越冷漠，那么这个小区就等于是死了，这部分地产商要负责任。

《精工禅》是一本书的规模，涵盖了地、水、光、空四大篇章。最后一章"空"代表禅意，也代表着生活方式，下面我就选"空"来做地产文案的示范。

> **空**
> 懂得割舍，懂得留白，懂得放下，13.8 米采光内庭，
> 懂得空的最高禅意。

　　写地产文案，一方面要很快提炼出形而上的哲学意念，同时又可以落实到人的生活层面，更重要的是，还要用创意把缺点转变成优点，例如"上善若水"受限于当时的建筑法规，别墅内部从地到天顶的空间必须挑空 13.8 米，在一般的建筑案里，会把"不能使用的空间"视为缺点，可是换个角度来看，挑空中庭反而是很棒的留白，光可以透过上面屋顶的玻璃，照射进整栋别墅，甚至还可以做一个水瀑，投影画面就变成了水的屏幕，我把它取名为"光之内庭"。

> **光之内庭 · 水之屏幕**
> 建筑师 Steven Holl[1] 在福冈香椎，
> 以许多空间，
> 组合出有变化、
> 有穿透性的延伸端景；
> 半户外的中界空间，
> 人与自然景色可以随时自由地交流。

---

[1]　斯蒂文·霍尔，美国著名建筑师。

> 他设计出一个精彩的光之内庭，
> 让天水成为所有人注目的屏幕，
> 水借光反射波影照入建筑内部，
> 多种生活视点在此汇集，
> 一如他在千叶县幕张十一番街的集合住宅，
> 有反阳之家、幻彩之家、水映之家、
> 青影之家、落柿之家、无空之家。

反阳是指反射阳光，幻彩是指炫幻的光彩，水映之家是代表通过水来映照天空的家；还有一个叫青影之家，青涩的、绿色的光影覆盖着家的空间；落柿之家就是柿子会掉入他们家里；无空之家，心宽意境更宽……每个家都定了一个很美的名字。各位若有机会去故宫或者岳麓书院，可以看看里面每个建筑的对联，很有诗意，看看古人是怎么用诗词来描述空间并与外景互应的，这将是你的灵感库里很重要的宝藏。

> 一个光之内庭，就让每户人家有各自的诗意气候，
> Steven Holl 可谓是建筑诗人。
>
> 同样在福冈香椎，另外一个建筑师 Rem Koolhaas
> Block[1] 则设计了一种空的内闭空间，私藏着风格庭院，

---

[1] 雷姆·库哈斯，荷兰建筑师。

有波浪形屋顶，可窥天望景——
虚实对话，动静之张力，
犹如纸张的拉扯，
形成一种隐喻的平衡，自体完成建筑本质的自证。

空间关系可自由涵构调整，
所以形成了多样的创意生活模式。
安藤忠雄在大阪心斋桥 Galleria Akka[1]，
以清水模的低限度美学，
把内部挑空成天井，将有限的空间，
通过多角度的视点，
延伸成无限宽广的意境；
将素净无华的住宅，与自然通气无碍，
形成一种"内聚型中介空间"，
天井与各个居住空间深奥的对话与回应，
像是建筑永恒不变的开示，
一种无法捕捉的空禅意，一种不可说的精神美。

有天窗，形成有趣的四合院空间。
建筑师创造了天、地、光、风、水，创造一切，
还创造了"空"，这个最高禅意的生活哲学。

"空"是最高段的建筑手法，

---

[1] 阿卡广场。

> 留龙脉的气与风在此对流，
> 运转家与天地相连的好风水，
> 于是在家上方开一扇天窗，
> 挑高 13.8 米采光内庭，
> 可望天望星，收纳风雨彩虹光影，
> 成为自家的私藏风景。

"上善若水"中间的光之内庭，形成了立体的四合院空间。如果写"开窗可以看到风、雨、太阳、彩虹"，那就没有意思了，正因为我们有天窗，所以这些大自然的景色变成了可以私藏的家中风景，瞬间就帮这个房子加上了无价的美学！

> 每个房间隔着落地玻璃，互成了有趣的四合院。
> 这样的采光内庭置于居家空间之中，
> 家人的距离可以隔着落地窗景观互相观照，
> 以表情隔空示意，形成了这个家有向心力的凝聚场，
> 却又不会互相打扰，像是住在城堡中，
> 可以从这个房间隔着花园望向对面的房间，
> 生活多了窥望的焦点剧情，
> 这就是日本知名建筑师安藤忠雄
> "内聚型中介空间"的理想。

当这个空间建好后，中间挑空，每个房间可以彼此对望，

家人们可以产生怎样有趣的互动？

所谓的地产文案，必须让自己的想象力先活在这个空间里，先帮大家提供有创意、有诗意的生活方式，然后再写成文案，这就是地产文案有趣的地方。

内部挑空本来是缺点，如何将它变成特点呢？我必须帮这个空间想出各式各样有趣的使用方式，所以将它定义成佛堂、礼拜堂、家藏馆、植物馆、蝴蝶馆、音乐厅、博物馆、美术馆、水瀑投影银幕……这个空间能变成多少种样式的家庭博物馆，就看你的想象力有多少。

> 自然庭院、生活禅庭、私人动物园，
> 设置一个私家礼拜堂或者是挑高禅修佛堂，
> 收纳风景、信仰，或是陈列个人收藏品，
> 摆成一座自家博物馆。
>
> 如果狂野一点，
> 也可以将这天井装置成每天挑战攀岩的高墙，
> 或是挑高视听 Lounge Bar[1]，或是蝴蝶生态馆，
> 或是看星云与流星的私家天文台，
> 或是独唱歌剧的音乐舞台……
> 于是，这个画龙点睛般的天井，

---

[1] 高级酒吧。

> 让理智的建物，设下感性的留白，
> 就像是房子的潜意识，
> 让住在里面的人有着空性冥想空间，
> 心之四方，皆有美，皆有所爱。

　　这个挑高空间本来是不能住人的，经过我各式各样想象力的逆转后，就变成了有趣的、流动的活动风景。如果你家有这样的生活舞台，就会有一种穿越在平行世界的好玩的感觉。

　　依照脑袋里的画面，我逐字逐句地写下了整本"精工禅"文案，写得很有诗意，客户也非常喜欢。

　　所以，要写一个地产文案，最重要的是先爱上这个房子，爱上这个空间，然后将自己当成是盖这栋建筑的人，也是住在这里的主人，把深厚的感情放进去。

第十三堂课

课后
练习

▌写出有格局、有温度的商用文案心法

1. 将商品概念拉到最大。
2. 写地产文案时，要很快提炼出形而上层次的哲学意念，同时又要落实到人的生活层面。
3. 用创意将缺点转变为优点。
4. 文案就是脚本，你把视野画成一格一格的故事景窗，整个商场也就活起来了。

▌练习题

1. 观察喜欢喝咖啡的人与喜欢喝茶的人有什么不同，他喜欢喝什么样的咖啡，喝咖啡时在做什么、聊什么？
2. 以"爱"为主题，为店家（餐厅或书店）、商场、商品或服务写文案，根据你为它塑造的核心精神，给每个地方、设施或独特的服务起一个特别的名字。
3. 假设你有一个自创的服装品牌，你要怎么给它定位，它的风格根源于你的哪些个性？

第十四堂课

评估、沟通、提案三大技巧

一、文案的自我评估

　　终于到了第四阶段的最后一堂课，让我们来谈谈写完文案后的工作：如何自我评估和修改，如何与设计师沟通，如何向客户提案。

　　我最早进入广告公司写文案的时候，是全公司最年轻的菜鸟，完全没有任何工作经验，大家都很忙，没有人有空教我怎么写，但是自己瞬间就要独立接案了，所以得非常努力，一边看一边学，绞尽脑汁先想出三五个不同的概念，然后就这些概念各自写一篇文案，自己再看哪个写得顺手——写得顺手是很重要的。

　　如果你写了一篇文案，自己都觉得卡卡的不流畅，也没有什么激情，那基本上这就已经是失败的文案了。

　　所以，尝试不同的主题、概念、写法，都是在找最顺畅的那个版本，一旦你写得很顺，甚至写出你想都没想过的状态与境界时，就已经成功一半了。

　　刚开始做文案的那段时间，每当我写了好几个版本的文案之后，就休息一下，喝杯咖啡，跟人家聊聊天，等一会儿再回来看这篇文案有没有要修改的，之后最好能睡个觉。

　　第二天一早起来，从客户的角度、消费者的角度看究竟哪个版本更好，如果不满意就会重写，就如同文案创作者麦克说的，"最有效的方法就是隔夜检验，本来看起来很棒的文案，常常在晚上 6 点和第二天早上 9 点之间，变得很无聊"，这种自我检验的方式很重要，否则我们很可能耽溺在里面，看不出盲点。

另一位文案创作者大卫说："我写完文案时会念给别人听，然后听听看哪些地方不顺畅，有没有什么要修改的。"这启发我找到另一种评估文案的方法——"天才"与"白痴"检验法，把文案念给广告领域的专家以及这个领域的"白痴"听。

让一个专业广告人听听，看他对这篇文案有没有感觉，因为他待在广告圈的时间久，已经看过国内外无数的作品，所以一听就知道这切入点有没有人写过，有没有人写得比你更好。如果他发现这篇文案很有创意，很独特，以前都没有人这样写过，那么这篇文案就很值得留下来。

什么叫"白痴检验法"呢？就是把文案念给完全不懂广告但却是此商品的目标消费者听。他既不懂广告，更不知道同类型的广告写些什么，但如果他能够感动，甚至问你这地方在哪儿，这东西在哪里能买得到，代表你的文案已经成功一半了。

如果可以的话，多念给几个人听，聆听各式各样的意见。

还有一个文案自我检查的方法，就是把自己当成广告客户本人，从客户的角度来看、来听这篇文案，会有什么样的看法或意见。

此外，如果你在广告公司工作，请念给业务销售人员听，看看他有什么样的感觉与反应。

常常有人问我，自己的文案写得很好，但客户就是不喜欢，怎么办？我说那就重写啊，因为客户是这个商品的创办人与拥有者，如果他都不喜欢，那你还要写给谁看？

我们写文案，最大的把关者就是自己，文案不是交差就算了，因为广告是普罗大众的，好的文案应该是客户、你、消费者、看到这篇文案的人、使用过这个商品的人，甚至竞争品牌的消费者都喜欢的。

文案创作者史蒂夫说："如果你想要成为收入优渥的文案创作者，取悦客户；如果你想要成为很会得奖的文案创作者，取悦自己；但如果你想要成为伟大的文案创作者，那就要取悦读者。"

我个人认为，你要写一个既能够取悦客户，又能够取悦自己，还能够取悦读者的文案，因为这三个圆圈的交集就是文案聚焦以及落笔的地方。

史蒂夫还说过："文案是这个世界上唯一能够让你过着艺术家的生活，却能够拿着外汇操作员薪水的工作。"这也是广告文案这个工作很迷人的地方，过着很艺术家般的生活，因为没有艺术就没有灵感创意来源，而且不需要固定上班打卡或是过公务员那样的单调生活。

依我的经验，刚刚入行的文案人员薪水真的很低，工作时间很长，可能写一篇文案要花一两天的时间去琢磨思考，尝试各种各样的写法，而一篇文案的酬金才几百元，但只要你写过一百篇，脑袋就会建构多维度的思考途径，一接到题目就能思考出各种各样的版本，可以在很短的时间之内判断出哪一个版本是最好的，从构思到完成甚至不到一个小时。也正因为自己的经验已经很多了，可以写得又快又好，有深度，格局也够高够大，所以向客户提案通常一次就能通过，几乎没有什么修改——当文案越写越熟练，打的底越来越深厚时，情势就会完全逆转：写文案的时间越来越短，收益却越来越高。

二、与设计人员的沟通

作为一个文案人员，视觉想象力是特别重要的，灵感在形成文案之前其实是一幕幕影像，整篇文案就是一整个故事情境，你能不能在脑海里看到这些生动立体的画面，再把画面转化成文案？此外，把自己当成设计者，多看与视觉相关的书籍，尽可能多地接触艺术、美学等领域，并有画出视觉草图的能力，有这样的基础，就很容易与设计人员沟通，你们甚至会成为很好的朋友。

三、向广告客户提案

现在讲最重要的部分：如何向广告客户提案。每次开会时，你要观察客户的个性、语言模式、喜欢什么、讨厌什么，推论他可能会喜欢什么风格的文案以及主题。等你写完文案后，与客户换位思考，仿佛你就是他，从他的角度来看，他会在意文案的哪些重点。

有一次我要向一个大型企业提广告文案，那是我遇到过的最麻烦的一次，因为有三个老板在现场：爷爷是这个企业的创办人，爸爸是现在的主事者，旁边还坐着 20 岁左右的孙子，也就是未来的接班人。

很明显，这三个人完全不是一个调子：爷爷比较保守传统，爸爸符合现在的主流，孙子则是年轻人那一派的想法，比较反传统。

这三个人的意见很不一样，该怎么跟他们同时沟通呢？

我想：如果我是爷爷，是这个品牌的创办人，我会在乎文案里应该要有什么或是不能有什么；如果我是爸爸，是这个品牌的主事者，我会希望这篇文案能让这个品牌多了什么或是避免什么；如果我是那个孙子，我想要改变什么，才能让这个品牌更有年轻的气息？

分别从这三个角度思考，三个圆的交集处就是沟通的聚焦点。

　　我提案的时候，先对爷爷讲出这个品牌的核心精神，这是自创办以来不能被动摇的部分。接着我再提到爸爸在意的、现在这个品牌的 SWOT（优劣分析），以及如何通过文案来补充加强并同时宣传品牌要传递的理念。最后我用很年轻人的语言，说明这篇文案还多了什么新的主题概念与写法，能够吸引较年轻的消费者——我先就这三位在意的部分说明了构思的观点，表示我有站在他们的立场去思考，之后再开始提文案。

　　那一次提案非常顺利，三个人都没有意见，公司主管说从来没有一次开会这三个人的意见能立刻达成一致的，他们总是吵来吵去。

　　你不能只把自己当成文案人员，你还要把自己当成客户，当成创办人兼负责人，全权照顾这个品牌，全方位地看这个商品、空间、服务有没有什么需要改进的地方，它的命名、包装、营销策略有没有传达这个商品的最大特色。

　　如果没有，你有义务给客户提供改进的意见，等他们改进后再为他们写文案——当你这样做的时候，客户会很信任你，因为你比客户还在乎客户的品牌。

　　如果没有好的商品，再好的文案都是罪恶。

　　但如果你现在写的是自己的品牌，你在完成广告文案后就要跳出这个角色，把这个标题用想象的方式放进"入口网站"换位思考，消费者如何能从一堆信息中一眼被你的一句话或是一个画面吸引，进而付诸行动；或是将文案贴进虚拟的网络平台，然后传给你身边的朋友或是目标消费者，看看对方是不是能在众多信息里一眼看到你的标题。如果不是，那就重写吧，如果在庞大的信息海里一眼看不到你的标题，那这个广告文宣基本上是白做的，因为别人根本看不到。

四、身为一个文案人员的社会使命

　　现在几乎每个人都有自己的微博、微信、朋友圈，你在上面推荐的景点、美食或是分享的生命经验，都是需要文字的，如果你有办法运用很好的文字描述能力配上精彩的图片，把你认为美好的东西传播开来，这些内容就会有很大的传播力，这个社会只会越来越好，同时也对质量不好但拥有强大广告资源的商品、店家，形成一种必须改进的压力，这就是文案人员"良币驱逐劣币"的社会使命，也是身为文案人员最棒的地方，肩负了隐性改善与改变世界的力量。

五、如何完成自己的文案作品集

　　如果你已经是一个广告文案人员，记得随手把作品累积起来，到一定的量之后可以出版文案作品集。

　　倘若你还不是广告文案人员，但平日已经累积了许多练习文案，可以先把这些作品分类整编一下，这就是你完整的文案作品集。

接下来为自己的文案作品集命名，并为每个篇章确定标题，这本文案作品集可以在你的微博、微信、朋友圈上发表，也可以去找出版社，或是把它作为你的履历投到你想去的企业，从此文案人员这个身份将带着你往更多元、更丰富的人生版图去冒险！

课后
练习

▍"白痴天才检验法"：用第三者角度检视文案

把文案念给完全不懂广告但又是此商品、服务、空间的目标消费者听。他既不懂广告，更不知道同类型广告写了什么，如果他能够感动，甚至问你这地方在哪儿，这是什么产品，在哪里买得到，说明你的文案已经成功了一半。

▍练习题

把自己当成广告客户本人，从这个角度来看文案，会有什么样的看法和意见。全方位地看这个商品、空间、服务，有没有需要改进之处？它的命名、包装、营销策略有没有传达出它的最大特色？

提醒与祝福

　　现在，你已经完成了本书的四大阶段："如何建立优质的文案"血（写）统""如何精进写作武功""如何写时令节庆、品牌形象、商品包装、公益与活动""实操熟练各类型的文案文体"。 我不知道你花了多少时间修完这全部的十四堂课，但希望此时此刻你自制的文案秘籍本里已经拥有了一个满满的灵感库。

　　2019 年迪士尼出品的电影《阿拉丁》里有一幕：阿拉丁被推进洞穴，他被要求绝对不可触碰满坑满谷炫目的金银财宝，必须忽略周围的诱惑，专心拿神灯——这是很棒的多重隐喻，很多人贪婪地忙着拿东拿西，却忽略藏有更大可能性的神灯。这本书只是通往文案写作之道的快捷方式之一，你现在已经是神灯巨人的主人，而巨人就是你的文字魔力！

李欣频

台湾政治大学广告系毕业,台湾政治大学广告研究所硕士,北京大学新闻与传播学院博士,曾任教于北京大学新闻与传播学院,担任《广告策划与创意》课程讲师,并于北京中医药大学修习半年。

有着作家、诗人的孤僻性格+修行者洞察深处的眼睛+旅行者停不下来的身体+广告人的纤细敏感与美学癖+知识布道家想要世界更好的狂热+教育家舍我其谁的使命感。

曾任诚品书店特约文案、宏碁数字艺术中心特约文案创意。

文案作品入选《台湾当代女性文选》。2004 年被《数位时代》杂志选为台湾百大创意人之一;2006 年被《30》杂志 9 月号选为创意达人之一;2009 年入选年度时尚人物创意家,金石堂书展"不可错过的八位作家"之一;2010 年入选由统一企业主办的网络票选"年轻人心目中最喜欢的十大作家";2013 年入围中国作家富豪榜,同年获颁 COSMO 年度女性梦想大奖、《讲义》杂志年度最佳旅游作家奖。2019 年受邀在深圳启动的首届世界阅读者大会的"跨界未来"座谈会演讲。

李欣频作品

"创意天龙八部"套装:《私房创意能源库》《旅行创意学》《人生变局创意学》
《十堂量子创意课》《打造创意版的自己》《十四堂人生创意课》(三册)
"环球旅行箱"系列:《创意启蒙之旅》《心灵蜕变之旅》《奢华圆梦之旅》
"时尚感官"三部曲:《情欲料理》《食物恋》《恋物百科全书》
"都会爱情"三部曲:《爱情教练场》《恋爱诏书》《爱欲修道院》
"觉醒"系列:《心诚事享》《爱情觉醒地图》《人类木马程序》《与黑天鹅共舞》
"音乐导引专辑":《音乐欣频率》《音乐超频率》
"广告四库全书":《广告副作用:艺文篇》《广告副作用:商业篇》《广告拜物教》《虚拟国境》

李欣频微信公共号,请搜"李欣频"
新浪微博、腾迅微博:@ 李欣频
李欣频 e-mail 信箱:leewriter1010@gmail.com

李欣频的
文案小私塾

选题策划:磨铁图书
特约监制:何　寅
产品经理:赵　龙　zhaolong@xiron.net.cn
特约编辑:孙悦久　李　岩
责任编辑:张世琼

出版统筹:陈　枭
营销统筹:金　颖　黄筱萌　陈倩楠
装帧设计:唐　旭　谢　丽　xtangs@foxmai.com
内文排版:胡振宇

图书在版编目（CIP）数据

李欣频的文案课 / 李欣频著. -- 杭州：浙江人民
出版社, 2020.7

ISBN 978-7-213-09757-7

Ⅰ.①李… Ⅱ.①李… Ⅲ.①汉语－应用文－写作
Ⅳ.① H152.3

中国版本图书馆CIP数据核字(2020)第095500号

浙 江 省 版 权 局
著作权合同登记章
图 字：11-2020-142

李欣频的文案课

LI XINPIN DE WEN'AN KE

李欣频 著

出版发行	浙江人民出版社（杭州市体育场路347号 邮编 310006）
责任编辑	张世琼
责任校对	杨 帆
封面设计	唐 旭
电脑制版	胡振宇
印 刷	河北鹏润印刷有限公司
开 本	880毫米×1230毫米 1/32
印 张	12.5
字 数	260 千字
插 页	4
版 次	2020 年 7 月第 1 版
印 次	2020 年 7 月第 1 次印刷
书 号	ISBN978- 7- 213-09757-7
定 价	59.80元

如发现印装质量问题，影响阅读，请与市场部联系调换。
质量投诉电话：010-82069336